westermann

AF635120

Level 7
Deutsch

Übungsheft

Level 7 Deutsch
Übungsheft

Autorinnen: Mirja Störmer-Zabeida, Jutta Siegel

Weitere Level-Hefte für Klasse 7
- **Level 7 Mathematik**
  (ISBN 978-3-14-121589-2)
- **Level 7 Englisch**
  (ISBN 978-3-14-121583-0)

Alle Level-Hefte für Klasse 5
- **Level 5 Deutsch**
  (ISBN 978-3-14-121575-5)
- **Level 5 Mathematik**
  (ISBN 978-3-14-121587-8)
- **Level 5 Englisch**
  (ISBN 978-3-14-121581-6)

Alle Level-Hefte für Klasse 6
- **Level 6 Deutsch**
  (ISBN 978-3-14-121576-2)
- **Level 6 Mathematik**
  (ISBN 978-3-14-121588-5)
- **Level 6 Englisch**
  (ISBN 978-3-14-121582-3)

Textquellen: S. 25: Fred von Hoerschelmann: Das Schiff Esperanza, Philipp Reclam Verlag, Stuttgart 1986, S. 20–23 | **S. 27:** Carolin Philipps: Die Mutprobe, Hase und Igel Verlag, München 2016, S. 7–9 | **S. 29:** Julien Wolff: Rausgekickt! Da waren's nur noch zehn, Carlsen Verlag 2020, Hamburg, S. 36–37 | **S. 34:** Annika Sartor: Sportsteckbrief: BMX-Rennen, Geolino Nr. 9/2021, G + J Medien GmbH Hamburg, S. 15

Bildquellen: |Alamy Stock Photo, Abingdon/Oxfordshire: Westend61 GmbH/Weinhäupl, Wolfgang Titel. | Alamy Stock Photo (RMB), Abingdon/Oxfordshire: Action Plus Sports Images 34.1. | bpk-Bildagentur, Berlin: 18.1. |Evelyn Neuss Illustration, Hannover: 4.1, 5.1, 6.1, 8.1, 11.1, 12.1, 12.2, 12.3, 12.4, 12.5, 12.6, 13.1, 13.2, 14.1, 14.2, 14.3, 14.4, 14.5, 14.6, 19.1, 20.1, 24.1, 27.1, 28.1, 36.1, 41.1, 43.1, 46.1, 47.1, 48.1, 50.1, 62.1, 63.1. | fotolia.com, New York: tunedin 17.1. | GEOlino/Picture Press, Hamburg: 32.1. | Hase und Igel Verlag GmbH, München: Carolin Philipps: Die Mutprobe 26.1. | iStockphoto.com, Calgary: GMVozd 53.1; Schmidt, Oksana 58.1. | mauritius images GmbH, Mittenwald: age 55.1. | Shutterstock.com, New York: Jillian Cain Photography 38.1; Pentium5 61.1; think4photop 31.1; Zsolt Biczo 52.1. | stock.adobe.com, Dublin: aussieanouk 60.1; Goruppa, Sergey 15.1; Kostic, Dusan 54.1; S. Kobold 51.1.

westermann GRUPPE

Druck A[1] / Jahr 2023
Alle Drucke der Serie A sind im Unterricht parallel verwendbar.

Die Seiten dieses Produkts bestehen zu 100 % aus Altpapier.

Damit tragen wir dazu bei, dass Wald geschützt wird, Ressourcen geschont werden und der Einsatz von Chemikalien reduziert wird. Die Produktion eines Klassensatzes unserer Arbeitshefte aus reinem Altpapier spart durchschnittlich 12 Kilogramm Holz und 178 Liter Wasser, sie vermeidet 7 Kilogramm Abfall und reduziert den Ausstoß von Kohlendioxid im Vergleich zu einem Klassensatz aus Frischfaserpapier. Unser Recyclingpapier ist nach den Richtlinien des Blauen Engels zertifiziert.

Redaktion: Barbara Holzwarth, Gröbenzell/München
Illustrationen: Evelyn Neuss, Hannover
Layout und Umschlagsgestaltung: JANSSEN KAHLERT Design & Kommunikation GmbH, Hannover
Druck und Bindung: Westermann Druck GmbH, Georg-Westermann-Allee 66, 38104 Braunschweig

ISBN 978-3-14-**121577**-9

Schreiben

Seite 4: Eine Inhaltsangabe überarbeiten

2 In der Kurzgeschichte (Textsorte) „Mann über Bord" (Titel) von Günter Kunert (Autor) aus dem Jahr 1972 (Entstehungsjahr) geht es um ein Schiffsunglück, bei dem alle Besatzungsmitglieder bis auf den einen Matrosen, der das Unglück verursacht hat, sterben (Thema).

3 und **4**

Ein betrunkener Matrose verliert bei leichtem Seegang das Gleichgewicht und fällt von Bord. Mit einem Rettungsboot will man ihm helfen, doch das Boot kentert. Beim Versuch, die Insassen des Rettungsboots zu retten, läuft das Schiff auf ein Korallenriff auf. Es wird aufgerissen und sinkt. Wer von der Besatzung nicht ertrinkt, wird ~~in einem richtig grauenvollen Gemetzel~~ von Haien gefressen oder verdurstet später in einem Rettungsboot. ~~Wie furchtbar!~~ Der einzige Überlebende ist der Verursacher des Unglücks. Er wird auf eine Insel geschwemmt und erzählt dort den Bewohnern, dass eine Kesselexplosion die Ursache des Schiffsunglücks gewesen sei. Die Inselbewohner verehren den Matrosen ein Leben lang, weil sie stolz sind, jemanden zu kennen, der solch ein Unglück überlebt hat. Allerdings versteckt sich dieser immer, wenn ein Fremder die Insel betritt, aus Angst, dass seine Lüge auffliegt.

Seite 5: In einer Inhaltsangabe wörtliche Rede vermeiden

2 Lösungsbeispiel:

… Das Schiff „Schwalbe" ist voll besetzt auf dem Weg von Detroit nach Buffalo, als etwa 20 Minuten vor dem Ziel Feuer im Schiffsraum ausbricht. Die Reisenden sammeln sich ganz vorn auf dem Vorderdeck, da es dort noch nicht brennt. Der Steuermann John Maynard hält am anderen Schiffsende trotz Feuer und Qualm das Steuer fest. Während die Passagiere panisch fragen, wo sie seien, bleibt der Steuermann ruhig und erwidert, er halte das Schiff auf Kurs zum Strand. Da jubeln ihm die Menschen zu und fordern ihn auf, durchzuhalten.

Der Kapitän fragt John Maynard immer wieder durch das Sprachrohr, ob er noch da sei, da er ihn wegen des Qualms nicht mehr sehen kann. Der Steuermann bestätigt dies tapfer, bis er das Schiff schließlich in voller Fahrt auf das rettende Ufer auflaufen lässt. …

Seiten 6 – 7: Eine Inhaltsangabe ergänzen

2 Lösungsbeispiel:

In der Ballade „Der Handschuh" von Friedrich Schiller von 1797 geht es um eine Hofdame, die von einem Ritter einen Beweis für seine Liebe haben möchte.

Vor dem Löwengarten von König Franz sitzt dieser mit seinen Gefolgsleuten und Hofdamen, um sich einen Tierkampf anzuschauen. Auf das Kommando des Königs öffnet sich zunächst der Zwinger eines Löwen, welcher ruhig die Manege betritt und sich dann gemächlich hinlegt. Aus einem zweiten Tor kommt danach ein wilder Tiger gesprungen. Dieser versucht, den Löwen herauszufordern, schaut die Leute grimmig an und legt sich dann auch hin. Schließlich stürmen zwei Leoparden aus dem Gebäude und stürzen sich auf den Tiger, der sich wehrt. Als der Löwe laut brüllt, wird es plötzlich still. Vom Balkon wird ein Handschuh in die Mitte der Raubkatzen geworfen.

Er gehört der Hofdame Fräulein Kunigunde, die den Ritter Delorges auffordert, ihr den Handschuh als Liebesbeweis zurückzubringen. Der Ritter folgt der Aufforderung, steigt hinab und hebt den Handschuh auf.

Alle Anwesenden sind überrascht und entsetzt zugleich. Unter großem Beifall geht Delorges zu Kunigunde, wirft ihr den Handschuh ins Gesicht und verlässt sie, weil er sie verachtet.

Seite 8: TEST: Eine Inhaltsangabe schreiben

2 Lösungsbeispiel:

In der Kalendergeschichte „Der kluge Richter" von Johann Peter Hebel aus dem Jahr 1811 geht es um einen reichen Mann, der einen ehrlichen Finder um seinen Finderlohn bringen möchte.

Der reiche Mann hat eine hohe Geldsumme verloren und setzt daher einen Finderlohn von 100 Talern aus. Das Geld hatte er in ein Tuch eingenäht. Als ein ehrlicher Mann das Päckchen findet und dem Reichen bringt, entscheidet sich dieser für eine List, damit er den Finderlohn nicht auszahlen muss. Er behauptet,

ISBN 978-3-14-121577-9

dass in dem Tuch 800 Taler eingenäht waren. Jetzt seien nur noch 700 Taler da und der Finder müsse sich die 100 Taler Finderlohn schon herausgenommen haben. Der ehrliche Finder möchte aber seinen guten Ruf retten und so geht der Streit vor Gericht. Der Richter ahnt, dass der reiche Mann lügt. Er lässt beide Männer einen Eid schwören und fällt dann ein kluges Urteil: Da der eine Mann ein Päckchen mit 800 Talern verloren und der andere nur 700 gefunden habe, könne es sich nicht um dasselbe Päckchen handeln. Der ehrliche Finder dürfe das Päckchen daher behalten und solle es aufbewahren, bis der wahre Besitzer komme. Der Reiche solle warten, bis sein Geld gefunden werde.

Seite 9: Ein Ereignis in der richtigen Reihenfolge aufschreiben

2 Die Sätze in der richtigen Reihenfolge:

(5) Ich wurde sehr wütend und wir stritten um das Tablet.
(1) Am Donnerstag, den 24. Juni, wurde im Klassenraum der 7e der IGS Neuburg um 13.20 Uhr ein Tablet beschädigt. Daran beteiligt waren Marie Hummel und ich, Lucy Schinke, aus der 7e.
(7) Das Tablet ging kaputt. Der Bildschirm hat nun einen Riss.
(4) Ich bat Marie, das Foto zu löschen. Sie weigerte sich.
(3) Ich putzte mir die Nase. Marie machte mit ihrem Tablet ein Foto von mir.
(6) Wir zerrten das Tablet zwischen uns hin und her, bis es herunterfiel.
(2) Marie und ich waren früher aus der Mittagspause in den Klassenraum gegangen, weil wir noch ein paar Videos von uns machen wollten. Es war noch keine Lehrkraft da.
(8) Die Reparaturwerkstatt schätzt den Schaden auf ca. 150 Euro.

3 Lösungsbeispiel:

Tabletschaden

Am Donnerstag, den 24. Juni, wurde im Klassenraum der 7e der IGS Neuburg um 13.20 Uhr ein Tablet beschädigt. Daran beteiligt waren Marie Hummel und ich, Lucy Schinke, aus der 7e. Marie und ich waren früher aus der Mittagspause in den Klassenraum gegangen, weil wir noch ein paar Videos von uns machen wollten. Es war noch keine Lehrkraft anwesend. Als ich mir die Nase putzte, machte Marie mit ihrem Tablet ein Foto von mir. Daraufhin bat ich Marie, das Foto zu löschen, doch sie weigerte sich. Deshalb wurde ich sehr wütend und wir stritten um das Tablet. Wir zerrten es zwischen uns hin und her, bis es schließlich herunterfiel. Dabei ging das Tablet kaputt und der Bildschirm hat nun einen Riss.
Die Reparaturwerkstatt schätzt den Schaden auf ca. 150 Euro.

Seite 10: Einen Tagebucheintrag in einen Ereignisbericht umwandeln

2 a)

Liebes Tagebuch, 15. November

heute war ein schlimmer Tag! Wie jeden Tag seit den Osterferien haben mich Olja und ihre Mädels verfolgt. Es begann ganz harmlos, als ich in der Pause im Pausenhof auf einer Bank saß, um mein Brot zu essen. Zunächst kam nur Kristina und unterhielt sich mit mir. Das war eigentlich nett und ich dachte schon, dass sie doch nicht so blöd ist. Ich war sooo happy! Doch kurz darauf sind Olja und die Zicke Ludmilla gekommen. „Verpiss dich, das ist unsere Bank!“, haben sie mir zugerufen. Dann hat mir Kristina sogar noch die Schnürsenkel aufgemacht. Als ich mich gebückt habe, um sie wieder zu schließen, haben sie mir wohl den Zettel auf den Rücken geklebt. Zurück im Klassenzimmer haben mich alle ausgelacht. Ich habe das überhaupt nicht verstanden, aber ich habe mich soooo mies gefühlt. Wie ein Alien! Beim Zurücklehnen hörte ich es dann knistern. Da habe ich den Zettel entdeckt: „Ich bin dämlich! Lacht mich aus!“, stand darauf. Ich war so wütend, dass ich aufs Klo gerannt bin und dort geheult habe. Ich hasse Olja und Co. und wünsche mir so sehr, dass dieses Mobbing aufhört! Was soll ich nur tun?

b) Lösungsbeispiel:

Was geschah? Mobbing
Wer war anwesend? Darja, Olja, Kristina, Ludmilla, später die ganze Klasse
Wann passierte es? 15. November, in der Pause
Wo fand es statt? im Pausenhof/im Klassenraum
Wie war der Ablauf des Ereignisses? Darja saß auf Bank im Pausenhof, Kristina setzte sich dazu, war nett. Olja

ISBN 978-3-14-121577-9

und Ludmilla beschimpfen Darja. Schnürsenkel auf, Zettel auf Darjas Rücken geklebt: „Ich bin dämlich! Lacht mich aus!“
Welche Folgen hat das Geschehen? Alle haben gelacht. Darja möchte, dass Mobbing aufhört.

c) Lösungsbeispiel:
Seit den Osterferien werde ich von Olja, Kristina und Ludmilla gemobbt. Am 15. November war wieder so ein Vorfall.
Ich saß während der Pause im Pausenhof auf einer Bank. Zunächst setzte sich Kristina zu mir und unterhielt sich nett mit mir. Wenig später kamen Olja und Ludmilla hinzu und forderten mich mit harschen Worten auf, die Bank zu verlassen. Dann öffnete Kristina meine Schnürsenkel. Als ich mich bückte, um sie zu schließen, klebten mir die Mädchen einen Zettel auf den Rücken, auf dem stand, dass ich dämlich sei und man mich auslachen solle. Den Zettel bemerkte ich allerdings erst, nachdem sich schon viele Schülerinnen und Schüler im Klassenraum über mich lustig gemacht hatten.
Ich wünsche mir, dass dieses Mobbing der Mädchen aufhört.

Seite 11: TEST: Einen Ereignisbericht verfassen

1 Die Stichwörter in der richtigen Reihenfolge:
(1) 8. März, 13 Uhr, Turnhalle der Georg-Büchner-Gesamtschule
(6) Sänger sang drei Songs
(2) Auftritt des Sängers Kevin Bling
(9) Nun ein Lautsprecher defekt
(3) Boombox wurde beschädigt
(4) Konzert hatte Sportlehrerin Frau Gliesen bei Preisausschreiben gewonnen
(5) Kevin Bling wurde von Frau Gliesen angekündigt
(10) Reparaturkosten ca. 200 Euro
(7) Abgang von der Bühne, Kevin Bling stolperte über Kabel
(8) Er riss dabei Boombox mit sich

Lösungsbeispiel:
Boombox-Schaden
Am 8. März fand um 13 Uhr in der Turnhalle der Georg-Büchner-Gesamtschule ein Auftritt des Sängers Kevin Bling statt. Dabei wurde eine Boombox beschädigt.
Die Sportlehrerin Frau Gliesen hatte das Konzert bei einem Preisausschreiben gewonnen. Zunächst kündigte sie Kevin Bling an. Daraufhin sang der Sänger drei Songs. Als Kevin Bling von der Bühne ging , stolperte er über ein Kabel. Dadurch riss er die Boombox mit sich.
Nun ist ein Lautsprecher der Boombox defekt. Der Schaden beläuft sich auf ca. 200 Euro.

Seite 12: Einen Vorgang ordnen und beschreiben

2

a) In dieser Reihenfolge müssen die Bilder nummeriert werden: 1, 3, 4, 2, 6, 5

b) Zuordnung der Stichwörter zu den Bildern:
(1) Man benötigt: schmutzige Schuhe, mit Wasser gefüllter Eimer, große Bürste, Putzlappen, Imprägnierspray
(2) Große Schmutzbrocken unter den Stollen entfernen
(3) Bürste nehmen, in Wassereimer tauchen
(4) Schuhe über Eimer halten, mit Bürste sauber schrubben; Bürste wiederholt ins Wasser tauchen, von Schmutz befreien
(5) Schuhe mit Putzlappen trocken reiben
(6) Zum Imprägnieren Schutzschicht mit Spray auftragen

3 Lösungsbeispiel:
Fußballschuhe putzen
Zum Schuheputzen benötigt man: schmutzige Schuhe, einen mit Wasser gefüllten Eimer, eine große Bürste, einen Putzlappen sowie einen Imprägnierspray.
Als Erstes entfernt man die großen Schmutzbrocken unter den Stollen. Dann nimmt man die Bürste und taucht sie in den Wassereimer. Danach hält man die Schuhe über den Eimer und schrubbt sie mit der Bürste sauber. Dazu taucht man die Bürste wiederholt ins Wasser und befreit sie immer wieder vom Schmutz. Schließlich reibt man die Schuhe mit dem Putzlappen trocken. Am Ende trägt man mit einem Imprägnierspray eine Schutzschicht auf.

ISBN 978-3-14-121577-9

Seite 13: Einen Vorgang beschreiben

1 Lösungsbeispiel:

Montageanleitung:

Bild 1:
- Seitenteil A und Sitzfläche D nehmen, aneinanderhalten
- Schrauben M7 durch vorgebohrte Löcher (1) stecken
- mit Sechskantschlüssel Schrauben M7 eindrehen, dadurch Seitenteil A mit Sitzfläche D verbinden

Bild 2:
- Seitenteil B nehmen und auf anderer Seite an Sitzfläche D anlegen
- auch auf dieser Seite Schrauben M7 durch vorgebohrte Löcher (1) stecken
- mit Sechskantschlüssel Schrauben M7 eindrehen, dadurch Seitenteil B mit Sitzfläche D verbinden (Alternativ kann man auch schreiben: Vorgang auf der anderen Seite mit Seitenlehne B wiederholen.)

Bild 3:
- Rückenlehne C zwischen Seitenteile A und B schieben
- Schrauben M8 durch vorgebohrte Löcher (2) stecken
- mit Sechskantschlüssel Schrauben M8 eindrehen, dadurch Seitenteile A und B mit Rückenteil C zusammenschrauben

ISBN 978-3-14-121577-9

2 Lösungsbeispiel:

Die Gartenbank „Sonnenschein" zusammenbauen

Um die Gartenbank zusammenzubauen, benötigst du ein Seitenteil A, ein Seitenteil B, eine Rückenlehne C, eine Sitzfläche D, einen Sechskantschlüssel sowie die folgenden Schrauben: 4 Schrauben M7 (70 mm), 2 Schrauben M8 (50 mm).
Zunächst befestigst du das Seitenteil A an der Sitzfläche D. Dafür hältst du beide Teile aneinander. Daraufhin steckst du eine Schraube M7 durch das vorgebohrte Loch (1) und drehst sie mit dem Sechskantschlüssel ein. Wiederhole den Vorgang am zweiten Loch.
Dann nimmst du das Seitenteil B und wiederholst alles auf der anderen Seite.
Anschließend befestigst du die Rückenlehne C. Dafür schiebst du sie zwischen die Seitenteile A und B. Dann steckst du die Schrauben M8 durch die vorgebohrten Löcher (2) an der Rückenlehne und drehst sie mit dem Sechskantschlüssel fest ein.
Am Schluss solltest du alle Schrauben noch einmal gut anziehen.

Seite 14: TEST: Einen Vorgang beschreiben

2 Lösungsbeispiel:

Kaffee kochen

1) Man benötigt: Kaffeemaschine, Wasser, Kaffeefilter, Kaffeelöffel, Kaffeepulver
2) Kaffeemaschine öffnen, Filter einlegen
3) Kaffeepulver in Filter geben: 1 Löffel pro Tasse
4) Wasser einfüllen, auf Tassenanzeige achten!
5) Wassertank schließen
6) Maschine einschalten

3 Lösungsbeispiel:

Kaffee kochen

Um Kaffee zu kochen, benötigt man eine Kaffeemaschine, einen Kaffeefilter, Kaffeepulver, einen Kaffeelöffel und Wasser.
Als Erstes öffnet man die Abdeckung für den Filter und steckt den Kaffeefilter in die Halterung. Danach gibt man mit dem Kaffeelöffel Kaffeepulver in den Filter. Pro gewünschter Tasse wird ein Löffel Pulver hinzugefügt. Dann öffnet man hinten an der Kaffeemaschine den Deckel für den Wassertank und befüllt ihn mit Wasser. Dabei achtet man auf die Anzeige für die gewünschte Tassenmenge. Anschließend schließt man den Deckel des Wassertanks.
Zum Schluss schaltet man die Kaffeemaschine ein.

Seite 15: Eine Stellungnahme untersuchen und ergänzen

1 b):

Meinung/Anliegen Argument Beleg/Beweis
Gegenargument, entkräftet

Sehr geehrter Herr Hickstein,

ich schreibe Ihnen, um Sie zu bitten, auf dem Gelände des Jugendzentrums eine Parkour-Strecke zu bauen. Der Jugendtreff ist für viele Jugendliche wichtig. Leider ist er aber in die Jahre gekommen und deshalb nicht mehr gut besucht. Eine Attraktion wie die Parkour-Strecke würde ihm zu neuem Glanz verhelfen und wir würden unsere Freizeit wieder gerne dort verbringen. In einer Umfrage der Zeitschrift „BRAVO" gaben sieben von zehn Jugendlichen an, dass sie einen Jugendtreff mit Parkour-Strecke oft besuchen würden.

Sicher werden Sie jetzt sagen, dass eine solche Strecke viel zu teuer ist. Mit einer Tombola an einem Tag der offenen Tür könnte man einen Teil des Geldes für die Anlage zusammenbekommen. Auch könnte man Geschäfteinhaber als Sponsoren gewinnen. Ich wäre bereit, diese Aufgaben zu übernehmen.
Ich hoffe, Sie von meiner Idee zu überzeugen, und würde mich über eine positive Antwort sehr freuen.

Mit besten Grüßen
Dogan Knigge

2 Lösungsbeispiel:
Während der Coronapandemie waren viele Kinder nur zu Hause und sind dadurch übergewichtig geworden. Eine Parkour-Strecke wäre eine tolle Sportmöglichkeit, um Gewicht zu verlieren. Ich selbst habe im Sommer viel Parkour gemacht und so zwei Kilogramm abgenommen.

Seite 16: Eine Stellungnahme verfassen

1 b) gelb blau

Kickertisch bietet sinnvolle und friedliche Beschäftigung für die Regenpause
Schulleitung der IGS Sindelfingen berichtet: seit der Anschaffung des Kickertisches weniger Auseinandersetzungen während der Regenpause

Mit Kickertisch kann man spielerisch in Wettkampf treten
Es gibt zum Beispiel außerhalb der Schule Meisterschaften im Kickern.

2 Lösungsbeispiel:
Gegenargument: Ein Kickertisch geht schnell kaputt.
Entkräftung: Wenn man einen hochwertigen Kickertisch kauft, hält dieser lange.

3 Lösungsbeispiel:

Altdorf, 02.02.2023

Sehr geehrte Frau Troschke,

wir möchten Sie um die Anschaffung eines Kickertisches für unsere Pausenhalle bitten. Wir sind der Meinung, dass er viel zu einem guten Schulklima beitragen würde.
Oft wissen die Schülerinnen und Schüler in den Regenpausen nichts mit sich anzufangen, sodass schnell Konflikte entstehen. Ein Kickertisch bietet eine sinnvolle und friedliche Beschäftigung. Die Schulleitung der IGS Sindelfingen hat berichtet, dass es seit der Anschaffung des Kickertisches an ihrer Schule weniger Auseinandersetzungen während der Regenpausen gibt.
Darüber hinaus kann man mit einem Kickertisch spielerisch in Wettkampf treten. Die Beschäftigung mit dem Kickertisch bietet also Spannung und Entspannung zugleich. So gibt es zum Beispiel auch außerhalb der Schule Meisterschaften im Kickern.
Man könnte meinen, dass ein Kickertisch in der Schule schnell kaputtgeht. Allerdings garantieren die Hersteller hochwertiger Kickertische, dass sie strapazierfähig sind und lange halten.
Wir hoffen, Sie mit unseren Argumenten zu überzeugen, und stehen für weitere Rückfragen gern bereit. Im Anhang findet Sie einige Angebote von Firmen, die hochwertige Kickertische verkaufen.

Mit freundlichen Grüßen
Jasmin und Niklas

Seite 17: TEST: Eine Stellungnahme verfassen

1 Lösungsvorschlag:
- Anlass: Speiseplan der Mensa nicht mehr zeitgemäß
- Meinung: drei fleischfreie Tage pro Woche nötigt
- Erstes Argument mit Beispiel/Beweis: Weniger Fleischkonsum kommt dem Klima zugute. Bereits ein fleischfreier Tag pro Woche würde pro Person laut WWF-Studie rund 100 Kilogramm CO_2 jährlich vermeiden.
- Zweites Argument mit Beispiel/Beweis: Weniger Fleisch zu essen ist gesund. So haben Vegetarier ein geringeres Risiko übergewichtig zu werden sowie Diabetes oder Herz-Kreislauf-Erkrankungen zu bekommen.
- Gegenargument: Mensa würde nicht genug Essen verkaufen, da Schülerinnen und Schüler nur Fleisch mögen.
- Entkräftung des Gegenarguments: Umfrage an unserer Schule: 72 % der Schülerinnen und Schüler bevorzugen überwiegend vegetarisches Essen aus den o. g. Gründen.

ISBN 978-3-14-121577-9

2 Lösungsvorschlag:

Liebe SV,

ich möchte euch bitten, euch für die Einführung von drei fleischlosen Tagen in unserer Schulmensa einzusetzen, weil der derzeitige Speiseplan der Mensa nicht mehr zeitgemäß ist.
Da der Klimawandel voranschreitet, sind wir alle aufgefordert, unseren Beitrag für eine CO_2-Reduzierung zu leisten. Weniger Fleischkonsum kommt dem Klima zugute! Bereits ein fleischfreier Tag pro Woche pro Person würde laut WWF-Studie rund 100 Kilogramm CO_2 jährlich vermeiden.
Darüber hinaus ist es gesund, weniger Fleisch zu essen. So sind Vegetarier beispielsweise seltener übergewichtig als Fleischesser und haben auch ein geringeres Risiko Diabetes oder Herz-Kreislauf-Erkrankungen zu bekommen.
Man könnte gegen Veggie-Days einwenden, dass die Mensa vermutlich nicht mehr genug Essen verkaufen würde, da die Schülerinnen und Schüler unbedingt Fleisch essen möchten. Das Gegenteil ist jedoch der Fall, wie eine Umfrage an unserer Schule ergeben hat: 72 % der befragten Schülerinnen und Schüler bevorzugen überwiegend vegetarisches Essen.
Aus all diesen Gründen würde ich mich sehr über die Einführung von drei fleischlosen Tagen pro Woche in der Mensa freuen und hoffe auf eure Unterstützung!

Viele Grüße
(Dein Name)

ISBN 978-3-14-121577-9

Lesen

Seite 18 – 21: Eine Ballade lesen und untersuchen

2 Lösungsbeispiel:
Titel: „Die Brück' am Tay"
Autor: Theodor Fontane
Textsorte: Ballade
Erscheinungsjahr: 1880
Thema: Sturm zerstört Brücke und reißt Zugpassagiere mit sich in den Tod.

Strophe 1: Drei Naturgeister besprechen, wann sie sich treffen, um einen Sturm zu veranstalten. Sie wollen als Winde aus verschiedenen Himmelsrichtungen kommen. Dabei soll ein unnützes Gebilde, das von Menschen gebaut wurde (Tand), um sieben Uhr zerstört werden.
Strophe 2: Auf der Nordseite steht das Brückenhaus. Die Brücknersleute warten auf den Zug, der über die Brücke kommen soll.
Strophe 3: Der Brückner redet mit seiner Frau darüber, dass mit dem herannahenden Zug ihr Sohn Johnie zum Weihnachtsfest kommt.
Strophe 4: Der Zug befindet sich am Südturm und kämpft gegen den Sturm. Johnie ist sich sicher, dass der Zug es über die Brücke schaffen wird.
Strophe 5: Johnie denkt an die Zeiten zurück, als es die Brücke noch nicht gab und er Weihnachten im Fährhaus verbringen musste.
Strophe 6: Johnies Eltern bangen weiterhin darum, dass Zug und Brücke dem Sturm standhalten. Allerdings trifft den Zug ein Blitz und es wird dunkel.
Strophe 7: Die Ballade endet damit, dass die Naturgeister sich zu einem erneuten Sturm verabreden.

3 Lösungsbeispiele:
a) Höhepunkt in Strophe 6
Zug arbeitet sich immer weiter über die Brücke / Brücknersleute blicken mit Bangen auf die Brücke / Winde werden stärker / Blitz trifft den Zug / Zug stürzt ins Wasser
b) Sieben Strophe, die aus Verse bestehen; Reime: z. B. „zusamm" (Vers 1) und „Brückendamm" (Vers 2)
c) Wörtliche Rede (dialogische Sprache), z. B.: „Ich lösch die Flamm'." (Vers 4) / „Ich mit." (Vers 5)

4 a)

Vers	Sprecher
1–16	die Naturgeister
25–32	der Brückner/Vater von Johnie
35–48	der Lokführer/Johnie
57–68	die Naturgeister

b) Folgende Aussage muss angekreuzt werden:
Man fühlt sich in die Lage der Figuren versetzt und dies erzeugt Spannung.

5 Lösungsbeispiel:

a) Die Naturgeister machen sich über die Brücke lustig und wollen sie vernichten.
Das erkennt man an dieser Textstelle: „Und die Brücke muss in den Grund hinein." (Vers 10) oder: „Tand, Tand / Ist das Gebilde von Menschenhand." (Vers 15/16)

b) Der Lokführer Johnie freut sich über die Brücke.
Das erkennt man an dieser Textstelle: „Und unser Stolz ist unsre Brück'; / Ich lache, denk ich an früher zurück." (Vers 41/42)

6

Vers	Sprachliches Mittel	Zitat
18	Personifikation	„Alle Fenster sehen nach Süden aus."
21–22	Personifikation	„ob nicht ein Licht / Über's Wasser […] spricht […]."
30	Vergleich	„Zünd' alles an wie zum heiligen Christ."
34	Personifikation	„Keucht er vorbei jetzt gegen den Sturm"
37–38	Personifikation	„[…] Kessel, […] Dampf […] bleiben Sieger […]"
53	Personifikation	„Denn wütender wurde der Winde Spiel"

7 Lösungsbeispiel:

Theodor Fontane beschreibt in seiner Ballade „Die Brück' am Tay" aus dem Jahr 1880, wie ein Sturm eine Brücke zum Einsturz bringt, die einen Zug mit sich in die Tiefe reißt.
In der Ballade gibt es mehrere Sprecher. Durch das Balladenmerkmal wörtliche Rede/Dialoge, das es auch in Theaterstücken gibt, wird die Handlung somit sehr lebendig erzählt.
Um den Lesern ein anschauliches Bild der Katastrophe vor Augen zu führen, setzt Fontane unter anderem Personifikationen und Vergleiche ein. Diese lassen z. B. den Sturm als Personen erscheinen, was ihn noch bedrohlicher macht. Ein Beispiel dafür findet sich in Vers 53: „Denn wütender wurde der Winde Spiel." Hier bekommt man das Gefühl, dass der Sturm ein Mensch ist, der sehr ärgerlich ist.

Seite 22: TEST: Eine Ballade lesen und untersuchen

1 Lösungsbeispiel:

Strophe 1: Es tobt ein wilder Sturm in der Nacht und jemand schreit auf dem Meer.
Strophe 2: Im Gewitter kann man ein Wrack auf der Sandbank erkennen.
Strophe 3: Nis Randers steht am Ufer und sieht, dass noch ein Mann im Mast hängt, den man holen muss.
Strophe 4: Seine Mutter verbietet ihm das, weil sie ihn nicht verlieren will.
Strophe 5: Sie hat bereits ihren Ehemann und ihren Sohn Momme verloren, auch ihr Sohn Uwe ist seit drei Jahren verschollen.
Strophe 6: Nis fragt sie, was man der Mutter des Mannes im Mast sagen solle.
Strophe 7: Er springt mit sechs weiteren mutigen Männern ins Rettungsboot.
Strophe 8: Die Fahrt mit dem Rettungsboot ist sehr gefährlich.
Strophe 9: Das Meer tobt im Sturm.
Strophe 10: Der Sturm sieht aus wie wilde Pferde und klingt auch so.
Strophe 11: Inmitten des tosenden Gewitters nimmt das Rettungsboot Kurs aufs Land.
Strophe 12: In der Dunkelheit warten alle gespannt, als sie hören, dass Nis seinen verschollenen Bruder Uwe gerettet hat.

2 Lösungsbeispiel:

a) Nis' Mutter hat bereits ihren Mann und einen anderen Sohn an das Meer verloren. Ein weiterer Sohn, Uwe, gilt als verschollen. Nis will sie behalten.
b) Nis will den Mann im Wrack retten, da dieser sonst auch von seiner Mutter vermisst würde.
c) Nis rettet den Mann, der sich als sein verschollener Bruder Uwe herausstellt.

ISBN 978-3-14-121577-9

3 Lösungsbeispiel:

a) – Personifikationen:
„Ein Wrack auf der Sandbank! Noch wiegt es die Flut; / Gleich holt sich's der Abgrund." (Vers 5/6)
„Mit feurigen Geißeln peitscht das Meer" (Vers 25)
– Höhepunkt der Geschichte:
Strophe 11 „Drei Wetter zusammen! Nun brennt die Welt! / Was da? – Ein Boot, das landwärts hält – / Sie sind es! Sie kommen! – –"
– dramatisches Merkmal (Theatertext):
Dialogischer Text, Strophe 3: „Nis Randers lugt – und ohne Hast / Spricht er: „Da hängt noch ein Mann im Mast; / Wir müssen ihn holen."

b) Es gibt Strophen (12) und Verse (36). Es gibt Reime, z. B. „Und brennt der Himmel, so sieht man's gut. / Ein Wrack auf der Sandbank! Noch wiegt es die Flut;" (Vers 4/5)

4 Lösungsbeispiel:

In der Ballade „Nis Randers" von Otto Ernst aus dem Jahr 1901 geht es um die Rettung eines Seemanns während eines Sturms, bei welchem es sich völlig überraschend um den verschollenen Bruder des Lebensretters handelt.
Um den Lesern die Handlung besonders eindrücklich zu erzählen, werden Personifikationen wie „Noch wiegt es die Flut" (Vers 5), „Gleich holt sich's der Abgrund" (Vers 6) und „Mit feurigen Geißeln peitscht das Meer" (Vers 25) eingesetzt. Dadurch werden der Sturm auf dem Meer und die dramatische Rettung besonders anschaulich dargestellt. Dazu tragen auch die typischen Balladenmerkmale bei: Die wörtliche Rede vermittelt den Lesern das Gefühl, dabei zu sein. Außerdem lässt der allmähliche Spannungsaufbau bis zum Höhepunkt in Strophe 11 die Leser mit der Mutter um Nis bangen.

Seite 23 – 25: Einen dialogischen Text lesen und verstehen

3

a) Sie befinden sich auf einem Schiff, in den Kojen. In den Regieanweisungen steht: *„leises Dröhnen der Schiffsmaschinen. Enger Raum. Schnarchen"*. Auch der Titel des Hörspiels deutet darauf hin.

b) Krucha weckt Podbiak, weil dieser im Traum laut schreit und dabei kurz davor ist, etwas Geheimes an die anderen zu verraten.

c) Podbiak holt Flüchtlinge an Bord der Esperanza. Er verspricht, sie nach Amerika zu bringen. Mit einem kleinen Boot fährt er sie auf das Meer hinaus. Dort setzt er sie aus und sagt ihnen, dass der Strand nicht weit ist und sie dorthin schwimmen können. Tatsächlich befinden sie sich aber auf offener See und sterben dort. Jedes Mal bekommt Podbiak dafür 50 Dollar von einem Mann namens Bengtsen.

d) Zeile 26: „KRUCHA (*lügt*). So wahr ich lebe! Alles."
→ Er hat gar nicht alles gehört.
Zeile 29: „KRUCHA (*pfiffig*). Ja. Von den fünf."
→ Podbiak hat von sieben Leuten gesprochen.
Zeile 31/32: „KRUCHA (*nachdenkend*). Das sind die … die sieben Leute, die du an Bord gebracht hast."
→ versucht, sich die Geschichte vorsichtig selbst zusammenzureimen, ohne dass Podbiak es bemerkt.

e) Podbiak hat Angst, dass die Flüchtlinge ihn ins Meer stoßen und mit dem Boot weiterfahren.

f) „Junge starke Kerle. Wenn ich sage, letztes Stück könnt ihr gefälligst schwimmen, dann haben die vielleicht keine Lust? Die können mich einfach nehmen und ins Wasser schmeißen und selber weiterfahren mit der Barkasse." (Zeile 71 – 75)

g) Lösungsbeispiel: Das Geld reizt ihn und er möchte Podbiaks Tätigkeit übernehmen.

Seite 26 – 27: Einen Jugendbuchauszug lesen und verstehen

3

a) Sie schaut nach allen Seiten, läuft zurück in den Schutz der Haustür, zuckt zusammen und wünscht sich, sie hätte Reizgas dabei. (Zeilen 1 – 6)

b) Sie war bereits einmal zu spät und ihr Lehrer hat angekündigt, beim nächsten Mal sofort ihre Mutter zu informieren. (Zeile 9 – 11)

c) Sie schaut den Kindern durch ein Fernglas zu und wäre auch gern dabei. (Zeile 21 – 23)

d) Die Mutter macht sich Sorgen, dass ihrer Tochter etwas passiert oder sie kriminell wird. In einem Zeitungsartikel stand, dass das Viertel nicht sicher ist und viele Kinder und Jugendlichen klauen. (Zeile 25 – 35)

e) Sie möchte so schnell wie möglich Geld verdienen, um sich eine Wohnung in einem besseren Viertel leisten zu können (Zeile 37 – 39).

f) Kristina versucht, sich an die Vorgaben der Mutter zu halten (Zeile 46 – 47). Nach einer Weile fällt ihr das aber schwer (Zeile 52 – 59). Vermutlich wird sie die Wohnung bald verlassen.

ISBN 978-3-14-121577-9

Seite 28 – 29: Einen Jugendbuchauszug lesen und verstehen

3

Ich-Erzähler

4

b) Er ist ein ausgezeichneter Fußballer, kann gut Englisch und hat einen eigenen YouTube-Kanal.

5

Er ist der Teammanger im Camp.

6

a) und b)
Zeile 5 – 7: Upgrade für Josh in die erste Klasse des Flugzeugs.
Zeile 18 – 25: Josh wird vom Teammanager des Camps vom Flughafen abgeholt.
Zeile 47: hochmoderne Unterkunft
Zeile 53 – 63: riesiger Geländewagen, Ledersitze, Klimaanlage, Bose-Soundsystem, abgefahrener Schlitten

Seite 30 – 31: Einem Sachtext Informationen entnehmen

2

1. Abschnitt (Zeile 1 – 12): Schwere Erdbeben richten große Zerstörungen an
2. Abschnitt (Zeile 13 – 27): Wodurch entstehen die immensen Kräfte bei einem Erdbeben?
3. Abschnitt (Zeile 28 – 42): Erdbeben an den Bruchzonen

3

a) Es ereignete sich das schwerste Erdbeben seit 80 Jahren mit einer Stärke von 7,8 auf der Richterskala.
b) Durch die bergige Landschaft war es schwer, zu den Opfern vorzudringen.
c) Etwa 8.000 Menschen wurden durch das Erdbeben getötet.
d) Diesen Vorgang nennt man Plattentektonik.
e) Lösungsbeispiel: Die Erdplatten wandern. Angetrieben werden sie dabei durch das zähflüssige Innere der Erde. Dort, wo die Erdplatten aneinanderstoßen, entstehen große Spannungen, die sich durch ein Erdbeben entladen können. Dieser Ruck im Inneren der Erde bereitet sich wellenförmig aus und erreicht so den Meeres- oder Erdboden.
f) Es entsteht neue Erdkruste und an der Bruchzone tritt heiße, flüssige Lava aus.
g) Der Mittelozeanische Rücken ist 70.000 Kilometer lang.

Seite 32 – 33: Einem Diagramm Informationen entnehmen

1

Es geht um die Menge an CO_2, die die Herstellung unseres Essens verursacht.

2

Überschrift: Wie viel CO_2 in unserem Speiseplan steckt; Art des Diagramms: Kreisdiagramm; Quelle und Jahr: Grafik von Katja Wegener, aus GEOlino Extra 2022

3

Diese Aussagen treffen zu:
Bei der Herstellung von Fleisch und Fleischerzeugnissen entsteht mit 40,7 % die größte Menge an CO_2.
Auf Platz 3 der klimaschädlichen Lebensmittel steht Getreide.
Bei der Herstellung von Eiern und Eierwaren entsteht mit 1,3 % nur wenig CO_2.

4

Um Milch und Milchprodukte zu erzeugen, müssen Kühe gezüchtet und gehalten werden. Diese aber verursachen bei der Verdauung klimaschädliche Gase.

5

Bei der Herstellung von Lebensmitteln wird eine große Menge an CO_2 produziert. Tatsächlich verursacht so jeder Mensch 2.000 kg CO_2 und andere klimaschädliche Gase pro Jahr.
In Deutschland geht fast die Hälfte des schädlichen CO_2, das bei der Herstellung von Nahrungsmitteln entsteht, auf die Herstellung von Fleisch und Fleischerzeugnissen zurück. Deutlich niedriger, aber immer noch relativ hoch, ist mit 23,6 % der CO_2-Ausstoß bei der Herstellung von Milch- und Milchprodukten. Das liegt daran, dass man für die Herstellung von Milch und Milchprodukten Kühe benötigt, deren Aufzucht eben auch viel CO_2 verursacht. Im Vergleich dazu ist der deutschlandweite CO_2-Ausstoß bei der Herstellung von Kartoffeln/Kartoffelerzeugnissen, Gemüse, pflanzlichen Ölen und Fetten, Eiern/Eierwaren und Fisch/Fischerzeugnissen mit deutlich unter 5 % gering.

ISBN 978-3-14-121577-9

6 Lösungsbeispiel:
Iss möglichst wenig Fleisch- und Milchprodukte. Nimm stattdessen besonders viel Obst und Gemüse zu dir. Dies ist nicht nur gesünder, sondern auch klimaschonender.

Seite 34: TEST: Einem Sachtext Informationen entnehmen

2

a) Die ersten Rennen fanden in den 1960er- und 1970er-Jahren in den USA statt.
b) Ein BMX-Rennen bei den Olympischen Spielen heißt BMX-Race.
c) Bei BMX-Rennen starten immer acht Rennfahrerinnen und -fahrer gleichzeitig.
d) Ein BMX-Parcours ist 400 Meter lang.
e) Um den BMX-Sport ausüben zu können, benötigt man ein BMX-Rad, einen Helm, Schutzausrüstung, Ausdauer und Mut.
f) Auf der Startseite der Website www.bmx-racing.de findet sich eine Liste mit allen BMX-Vereinen.

ISBN 978-3-14-121577-9

Rechtschreibung

Seite 35 – 37: Strategien und Regeln wiederholen

1

Im Kaufhaus (kau fen) werden viele Koffer angeboten. Die meisten sind nicht gerade billig. Ich hoffe, meine Mutter entscheidet sich schnell (schnel ler), damit wir im Restaurant noch eine Schale Suppe oder Pommes essen können. Da tippt (tip pen) sie auch schon auf ein knallgelbes (knal len) Gepäckstück mit vier Rollen und grünen Gummibändern. Ich bin erstaunt.

2

Tim geht mit Pia in ein Selbstbedienungsrestaurant. Dort ist es sehr ru hig. Trotzdem müssen die beiden lange an der Kasse ste hen und warten, bis sie bestellen und bezah len können. Dann ge hen sie zu einem freien Tisch und genießen ihr Eis mit Sah ne. Anschließend fah ren sie mit dem Bus zum Kino, um sich den neuesten Actionfilm anse hen zu können. Sie wäh len den größten Popcorn-Eimer aus und neh men auch Getränke mit. Hoffentlich ist das kein Feh ler, denn eigentlich sind sie noch satt vom Eis.

3

Unsere Katze Mimi ist plötzlich verschwunden. Was für ein Schreck, mein Herz rast. Wo kann sie sich nur versteckt haben? Da sehe ich ihr fleckiges Fell hoch oben im Baum über mir. Auch ihre schwarzen Tatzen entdecke ich. Was nun? Soll ich sie mit einem Netz einfangen oder die Feuerwehr rufen? Nach meinem Anruf geht es blitzschnell und die Feuerwehr parkt vor unserem Haus. Zum Einsatz kommt die sehr nützliche Drehleiter. Ich sitze auf der Schaukel und schaue zu. Dann halte ich Mimi endlich wieder im Arm.

4

Endlich geht es in den Freizeitpark. Paul ist mutiger als Ben und rennt sofort los. Er entdeckt die Achterbahn, entscheidet sich dann aber, doch zuerst zum Kettenkarussell zu gehen. Das ist richtig und vernünftig, denn an der Achterbahn gibt es eine endlose Schlange. Täglich strömen zahlreiche Besucher zu den vielen Attraktionen. Angeblich ist der Freizeitpark immer gut besucht.

5

Opa auf Abwegen

Ein älterer Australier namens Hank fuhr im Dezember bei strahlendem Sonnenschein, blauem Himmel und großer Hitze mit seinem Auto zum Einkaufen. Auf seinem Zettel standen Kaffee, Butter, Orangensaft, Gummibärchen und Hühnersuppe. Leider traf Hank an der ersten Kreuzung die falsche Entscheidung. Wegen der Sonne musste er blinzeln und konnte das Verkehrsschild nicht erkennen. So entfernte er sich von seinem eigentlichen Ziel und bemerkte diesen Fehler erst, als er plötzlich das Meer sah. Da holte er einfach eine Decke aus dem Kofferraum und streckte sich der Länge nach aus. Zwei Stunden später kam er nach Hause zurück. Er hatte einen starken Sonnenbrand auf seiner Glatze. Seine Enkel fanden die Geschichte lustig. Manchmal war ihr Opa wirklich außergewöhnlich. Allerdings hatte der Ausflug einen Haken, denn Hank hatte ja nicht eingekauft. Um der schlechten Laune zu entgehen, lud Hank alle ins Strandrestaurant ein. Dort konnten sie sich entspannen. Essen gut, Ende gut ☺.

6

Wörter mit *s*	**Wörter mit *ss***	**Wörter mit *ß***
der Rasen	wir essen	er aß
das Glas (die Gläser)	das Schloss (die Schlösser)	zerreißen
die Rose	der Biss (die Bisse)	die Straße
sie liest (lesen)	wissen	der Gruß (die Grüße)

7

Tian, Tim und Yasin sind zum Festplatz gefahren, wo sie ihre Fahrräder mit großen Schlössern an einem Laternenpfahl sichern. In der Geisterbahn hören sie gruselige Laute aus einer verschlossenen Kiste sowie herzzerreißende Töne hinter einem weißen Vorhang. Anschließend fordert Tian dazu auf, sich beim Torwandschießen mit ihm zu messen. Yasin lacht: „Ich bin derjenige mit den stärksten Elfmeterschüssen, also das Maß aller Dinge.“ Er gewinnt einen Preis, nämlich einen Essensgutschein, und lädt seine Freunde zu süßer Zuckerwatte ein. Am Schluss gießt es in Strömen und die Freunde beschließen, nur noch drei Lose an der Kasse zu kaufen. Tim hofft auf den Rucksack mit neongelbem Reißverschluss. Er hat aber kein Glück und zerreißt wütend das Los. Fassungslos hört er Tian schreien: „Hab ich es doch gewusst. Ich habe gewonnen – ein riesiges Herz aus Glas. Das schenke ich Lisa.“

Seite 38 – 39: Groß- und Kleinschreibung – Nomen

1

In der **S**tadt Kassel gibt es **n**iedliche **W**aschbären. Die **n**achtaktiven **T**iere kann man am **A**bend in den **G**ärten sehen. Viele **H**äuser haben ihre **R**egenrinnen durch **G**itter gesichert, damit die **T**iere nicht auf das **D**ach klettern können.
Beim **G**ang zur **M**ülltonne gibt es eine **Ü**berraschung. **I**n der **T**onne schläft ein **k**leiner **W**aschbär und wacht auch durch **G**eräusche nicht auf. Zu **s**einer **R**ettung wird die **T**onne ausgekippt. Aber **A**chtung: **A**lle **W**aschbären haben **s**charfe **Z**ähne. Der **s**chlafende **B**esucher ist jetzt aufgewacht und rennt zum **W**ald. **W**as für eine **E**rleichterung! Und wer hilft zum **S**chluss, den **g**anzen **M**üll einzusammeln?

2

a) Auf dem Weg zur Schule gibt es heute ein Hindernis: Am Zebrastreifen sind zwei Autos zusammengekracht. Das führt bestimmt zu einer riesigen Verspätung. Doch der Abschleppwagen ist rasch beim Unfall.
b) zur Schule = zu der Schule, am Zebrastreifen = an dem Zebrastreifen, beim Unfall = bei dem Unfall

3

In der Schule gefällt Hülya besonders das Zusammentreffen mit ihren Freundinnen. Es gibt immer einiges Neues und Interessantes zu besprechen, alles ist beim Chatten noch nicht geklärt worden. Heute ist das Spannende, wie das Date von Juliane und Max im Grünen gewesen ist. Beim Erzählen soll Juliane nichts auslassen. Hülya ist richtig aufgeregt. Aber Juliane meint, die Privatsphäre sei etwas Wichtiges. Das Gute an Max sei, dass er das auch so sehe. Beim Essen erzählt sie ihren Freundinnen dann nur, dass sie am Nachmittag mit Max zum Schwimmen gehen will. Hülya ist enttäuscht, sie war schließlich die Neugierigste von allen. Aber eigentlich ist Juliane im Recht, nicht jeder muss alles wissen.

ISBN 978-3-14-121577-9

4 Lösungsbeispiel:
Ich freue mich auf das Einkaufen im neuen Einkaufszentrum.
Zum Schlafen braucht Matteo frische Luft und ein weiches Kissen.
Beim Feiern ist Selma immer auf der Tanzfläche.
Schreibe in deiner E-Mail auch etwas Nettes!
Im Pokalspiel ist die Schlussphase das Aufregendste.
Man hat im Internet über dieses Hotel nichts Schlechtes gelesen.

Seite 40: Groß- und Kleinschreibung – Zeitangaben

1

Großschreibung	Kleinschreibung
heute Mittag	montagnachmittags
am Abend	morgens
am Dienstagmorgen	mittwochs
gestern Nachmittag	morgen früh

2

Am frühen Morgen klingelt Jorges Wecker. Es ist heute der letzte Schultag vor den Sommerferien. Für die meisten aus der 7d ist es gestern Abend spät geworden. Sie haben sich zuerst nachmittags im Schwimmbad getroffen – nicht wie sonst montags zum Schulsport. Nur Tessa war nicht dabei, sie musste schon mittags zum 80. Geburtstag ihrer Oma. Am frühen Abend gingen alle zur Grillhütte, die bereits vorgestern dekoriert worden war. Mehrere Eltern hatten das Essen schon vormittags gebracht, sogar einen Kuchen mit einer 8d aus Smarties, den Irinas Mutter am Vorabend gebacken hatte. Die Würstchen wurden erst am Abend gegrillt. Bis spätabends hat die 7d gefeiert. Viele haben sich für übermorgen, also für Donnerstagmittag, wieder verabredet.

Seite 41: TEST: Groß- und Kleinschreibung

1

Diese Aussagen treffen zu:
- Das Dehnungs-***h*** kann nur vor den Buchstaben ***l***, ***m***, ***n***, ***r*** stehen.
- Bei der Silbentrennung bleibt ***ck*** zusammen, ***tz*** dagegen wird getrennt.

2

Berichtigte Aussagen:
- Nach einem kurzen Vokal folgt ein doppelter Konsonant.
- Nach einem langen Vokal wird der stimmlose ***s***-Laut mit ***ß*** geschrieben.

3

In Wüsten ist es sehr heiß. Es gibt dort oft kein Wasser, schon gar nicht einen Fluss oder ein Gewässer zum Baden. Deshalb muss man wissen, dass die Trinkgefäße vorher gefüllt werden müssen. Um sich den Schweiß abwischen zu können, reicht ein Tuch. Wenn man starke Hitze hasst, ist es besser, in kältere Gegenden zu reisen. Man kann den Urlaub dann mehr genießen.

4

Steht eine Präposition mit verstecktem Artikel vor einem Verb, so wird dieses zum Nomen und somit großgeschrieben. *Wenig*, *etwas* und *einiges* (hier sind auch andere Indefinitpronomen möglich, siehe Merkkasten auf Seite 39) gehören zu den unbestimmten Zahlwörtern, auch Indefinitpronomen genannt. Sie stehen oft vor nominalisierten Adjektiven.

5 Lösungsbeispiel:
unglaublich → etwas Unglaubliches
wehmütig → viel Wehmütiges
interessant → nichts Interessantes
gefährlich → etwas Gefährliches

6

Ilyas fällt es montags schwer, früh aufzustehen. Wenn er aber am Vormittag in der Schule seine Freunde trifft und sich für nachmittags verabreden kann, ist alles in Ordnung. Nur am Freitag geht er nicht gerne in die Schule. Am frühen Morgen hat er Kunst – nicht gerade sein Lieblingsfach.

Seite 42 – 43: Zusammen- und Getrenntschreibung

1 Lösungsbeispiel:
Ich kann Waffeln backen. Das Waffelbacken macht großen Spaß.
Er will Schlittschuh laufen. Beim Schlittschuhlaufen ist er gestürzt.

ISBN 978-3-14-121577-9

Sie kann Geige spielen. Das Geigespielen ist ihr Hobby.
Sie kann Eier kochen. Zum Eierkochen braucht man Wasser.

2 Lösungsbeispiel:
Wir wollen spazieren gehen. Beim Spazierengehen haben wir gute Ideen.
Er wird bald laufen lernen. Das Laufenlernen ist für Kinder spannend.
Du sollst deine Kleider nicht liegen lassen. Das ständige Liegenlassen stört mich.
Sie soll tanzen üben. Am besten geht sie zum Tanzenüben in eine Tanzschule.

3 Lösungsbeispiel:
Er soll fest auf dem Boden stehen. Das Ergebnis wird feststehen.
Auf Schotterwegen kann man leicht fallen. Die Prüfung wird mir leichtfallen.
Er soll beim Referat frei sprechen. Der Richter wird ihn freisprechen.
Die Rede wird sie frei halten. Bitte diesen Platz für Rollstuhlfahrer freihalten!

4
Till wird am Wettkampf teilnehmen. ~~(A)~~
Umut will mir Mathe nahebringen. (F)
Mia möchte eislaufen können. ~~(H)~~
Kannst du bitte die Kartoffeln kochen? (E)
Beim Einkaufen ist heute viel los. (R)
Tabea sollte Eli nicht schlechtmachen. (I)
Willst du die Kerze festhalten? ~~(W)~~
Die Arbeit wird ihr schwerfallen. (E)
Ich muss meine Uhr richtig stellen. ~~(Z)~~
Wir werden diese Möglichkeit offenhalten. ~~(K)~~
Die Entscheidung muss feststehen. (N)
Lösungswort: F E R I E N

5
Die 7d plant eine Aktion ihres Klassenprojekts „Fridays for Future". Alle wollen ihre Sache gut machen. Den großen Tisch müssen mindestens vier tragen, sonst könnte dabei jemand schwer fallen. Felix sorgt dafür, dass kein Müll liegen bleibt. Es ist schlimm, wie viele Menschen ihren Müll einfach fallen lassen. Emre achtet beim Plakatschreiben darauf, dass Marlena die Buchstaben groß schreibt, damit die Leute sie beim Spazierengehen in der Fußgängerzone gut lesen können. Die 7d sucht noch jemanden, der vor Publikum frei sprechen kann. Jan erklärt sich bereit, es wird ihm nicht schwerfallen. Zur Stärkung können alle Kekse essen. Die Jugendlichen sind gespannt, wie viele Leute stehen bleiben. Hoffentlich lässt sich das Thema den Menschen nahebringen und man muss die Zukunft der Umwelt nicht schwarzmalen. Auf dem Plakat steht: „Wir als 7d wollen die Umwelt schonen, indem wir mehr Rad fahren und unsere Eltern das Autofahren einschränken." Greta würde bestimmt auch am Klassenprojekt teilnehmen.

Seite 44: TEST: Zusammen- und Getrenntschreibung

1
Die Polizei muss den Bankräuber festnehmen und das Gericht kann ihn freisprechen.
Wir verabreden uns zum Spazierengehen.
Nach dem Kuchenbacken können wir zum Teetrinken einladen.
Weißt du, welche Wörter du im Diktat großschreiben musst?

2
Ich will heute das Tierheim besuchen und hoffe, dass mir die einsamen Tiere nicht so nahegehen und mir später das Abschiednehmen nicht schwerfällt. Gleich zu Beginn darf ich beim Meerschweinchenfüttern teilnehmen. Die kleinen Eichhörnchen könnte man doch im Wald freilassen, obwohl dies den Pflegern bestimmt nicht leichtfallen wird.

3 Lösungsbeispiel:
Ich muss die Zusage zur Geburtstagsfeier noch offenlassen. Du kannst doch nicht einfach die Tür des Vogelkäfigs offen lassen.
Die Geburtstagskerzen müssen auf der Torte ganz fest stehen. Es wird erst später feststehen, ob die Torte für alle Gäste gereicht hat.
Wenn ich dir mein Geheimnis verrate, musst du aber dichthalten. Das Dach der Garage sollte auch bei Regen dicht halten.

ISBN 978-3-14-121577-9

Grammatik

Seite 45 – 46: Wortarten wiederholen

1

das Getränk – die Getränke
das Bad – die Bäder
die Maus – die Mäuse
der Raum – die Räume

2

Dativ
Es ist der letzte Tag vor dem Urlaub. Sabine fährt
Dativ Akkusativ
mit dem Auto an eine Tankstelle. Dort
Dativ Akkusativ
putzt sie mit einem Lappen die Frontscheibe.
Nominativ
Da entdeckt ein Mann, der ebenfalls tankt,
Dativ Genitiv Akkusativ
an der Fahrertür des Fahrzeugs eine große
Nominativ Dativ
Schramme. Die Reparatur muss bis nach dem Urlaub
Akkusativ
warten. Jetzt muss Sabine noch eine Apotheke
Akkusativ Genitv
suchen und die Tabletten der Tochter besorgen.
Dativ Akkusativ
Sie will dem Apotheker die EC-Karte geben, um alles
Nominativ
zu bezahlen. Aber die EC-Karte ist nicht da. Sabine
Dativ
überlegt, wann sie zum letzten Mal mit der Karte
Dativ
bezahlt hat. Natürlich – an der Tankstelle.
Nominativ Genitiv
Der/ein Mitarbeiter der Tankstelle hat zum Glück
Akkusativ
aufgepasst und den wertvollen Gegenstand auf
Akkusativ Akkusativ
die Seite gelegt. Jetzt ist Sabine reif für den Urlaub
Dativ Akkusativ
und sie freut sich mit den Kindern auf die Nordsee-
insel.

3 Lösungsbeispiel:
Am Wochenende findet im neuen Einkaufszentrum eine Wahl statt: Wer kann sich am besten verkleiden? Die Kandidaten erhalten jeweils eine Kiste mit bunten Kleidern, riesigen Schuhen, außergewöhnlichen Perücken und gemusterten Hosen mit glitzernden Knöpfen. Lea, Ali und Esme wollen an der Show teilnehmen. Es gibt genaue Anweisungen. Jeder hat eine halbe Stunde Zeit. Die aufgeregten Zuschauer dürfen gleich entscheiden, wer die beste Verkleidung zeigt. Esme hat eine lilafarbene Perücke auf, eine geblümte Hose und viel zu große Schuhe an. Ali trägt einen kaputten Cowboyhut und grüne Schuhe. Esme hat gewonnen. Es gibt viel Applaus und ein leckeres Eis mit süßen Streuseln für alle Kandidaten.

4

	ich	du	er/sie/es	wir	ihr	sie
tragen	trage	trägst	trägt	tragen	tragt	tragen
singen	singe	singst	singt	singen	singt	singen
haben	habe	hast	hat	haben	habt	haben
sein	bin	bist	ist	sind	seid	sind
essen	esse	isst	isst	essen	esst	essen
lernen	lerne	lernst	lernt	lernen	lernt	lernen

5

a) Unsere Lehrerin Frau Peters hat heute leider Kopfschmerzen. Deshalb hat sie den Klassenzimmerschlüssel vergessen und wir müssen oben warten. Der Hausmeister wird bald mit einem Generalschlüssel hierher kommen. Das macht er gern. Also kann der Unterricht beginnen.

b) Adverbien der Zeit: heute, bald
Adverbien des Grundes: deshalb, also
Adverbien des Ortes: oben, hierher
Adverbien der Art und Weise: leider, gern

Seite 47: Wortarten – Pronomen

1

Hallo Ole,

ich bin krank und habe Halsschmerzen. ~~Die Halsschmerzen~~ Sie sind ziemlich stark. Mein Opa war schon

ISBN 978-3-14-121577-9

in der Apotheke. ~~Mein Opa~~ Er hat Halstabletten gekauft.

Auch mein Vater und mein kleiner Bruder hatten gestern Beschwerden. ~~Mein Vater und mein kleiner Bruder~~ Sie liegen im Bett. Meine Mutter hat ~~meinem Vater und meinem kleinen Bruder~~ ihnen Tee gekocht und ~~meine Mutter~~ sie versorgt die beiden. Kannst du bitte

dem Trainer Bescheid sagen, dass ich nicht komme? ~~Der Trainer~~ Er soll mich aber bitte trotzdem für das Spiel

am Sonntag aufstellen und mir mein Trikot vorbeibringen. ~~Das Trikot~~ Es muss noch gewaschen werden

und ich will das Spiel (*das Spiel* nicht durch *es* ersetzen, sonst könnte es sich auch auf *Trikot* beziehen)

auf keinen Fall verpassen. Ich gehe jetzt schlafen.

Bis bald, Lukas

2

Sie hat ihre Sportschuhe zu Hause vergessen.
Er schenkt seinem Bruder eine Konzertkarte.
Ich helfe meiner Mutter beim Kuchenbacken. Sie holt ihre Brille.
Sie reden nur noch von ihrer Klassenfahrt und stören ihre/ihren Lehrer.
Triffst du deinen Freund? Du kannst ihm unseren Garten zeigen.
Ihr müsst bis morgen euer Referat fertigstellen.

3

Das Flugzeug ist gelandet. Alle Urlauber wollen so schnell wie möglich ihre Koffer haben. Meine Schwester Anna läuft zum Gepäckband. Sie sieht ihren eigenen Koffer zuerst. Der Rucksack unseres Vaters liegt dahinter. Ben zieht sein Handy aus der Tasche. Er will mit seinen Freunden telefonieren, um sich mit ihnen zu verabreden.

Seite 48 – 49: Zeitformen wiederholen

1

Ich werde mich mit der Suche nach einem Praktikumsplatz beschäftigten. (Futur)
Die Jugendlichen haben viel Spaß auf ihrer Klassenfahrt gehabt. (Perfekt)
Warum hattet ihr keinen Helm auf? (Präteritum)
Der Hund des Nachbarn gegenüber bellt schon seit Stunden. (Präsens)
Ihr seid immer wieder zu spät zum Basketballtraining gekommen. (Perfekt)

2

glauben (ich):	ich glaube (Präsens)
	ich werde glauben (Futur)
gehen (wir):	wir gehen (Präsens)
	wir sind gegangen (Perfekt)
lesen (ihr):	ihr last (Präteritum)
	ihr habt gelesen (Perfekt)
sein (die Frau):	sie ist (Präsens)
	sie ist gewesen (Perfekt)
haben (die Kinder):	sie haben (Präsens)
	sie werden haben (Futur)

3

a) Letztes Jahr sind wir nach Schottland gefahren. Über das Loch Ness mit Nessie, dem Seeungeheuer, habe ich damals ein Buch gelesen und bin deshalb so gespannt darauf gewesen. Vor dem großen See haben viele Touristen gewartet. Auf einmal ist Unruhe entstanden. Im Nebel ist etwas aufgetaucht. Ich habe vor Aufregung gezittert. Doch dann ist ein Taucher aus dem Wasser gekommen. Die Enttäuschung ist wirklich groß gewesen!

b) Letztes Jahr fuhren wir nach Schottland. Über das Loch Ness mit Nessie, dem Seeungeheuer, las ich damals ein Buch und war deshalb so gespannt darauf. Vor dem großen See warteten viele Touristen. Auf einmal entstand Unruhe. Im Nebel tauchte etwas auf. Ich zitterte vor Aufregung. Doch dann kam ein Taucher aus dem Wasser. Die Enttäuschung war wirklich groß!

4

Pia und Tim planen mit ihren Eltern eine Kreuzfahrt in den Norden. Im Internet haben sie nach Angeboten gesucht. Weil sie noch viele Fragen hatten, sind sie ins Reisebüro gegangen. „Wir wollen nach Spitzbergen“, sagte die Mutter. „Das ist ein tolles Reiseziel.

ISBN 978-3-14-121577-9

Dort werden Sie noch Gletscher sehen“, antwortete Frau Rasche, die Fachfrau. „Ich habe von Touren mit Schlittenhunden gelesen“, rief Tim. Frau Rasche erklärte: „Im Sommer fahren die Schlitten auf Rollen, weil kein Schnee da ist.Das macht den Hunden aber nichts aus. Wichtig ist, dass der Hund unterwegs Wasser trinkt, weil er keinen Schnee lecken kann.“ „Das habe ich nicht gewusst. Ich buche die Tour gleich hier,“ sagte die Mutter. Hat schon mal ein Hund ein Kind gebissen?“, fragte Pia. „Da wird nichts passieren, die Hunde kennen das“, beruhigte Frau Rasche.

Seite 50: Zeitformen – Plusquamperfekt

1

Verbform (Zeitform)	Plusquamperfekt
er aß (Präteritum)	er hatte gegessen
wir lernen (Präsens)	wir hatten gelernt
ihr seid gewesen (Perfekt)	ihr wart gewesen
du hast gewonnen (Perfekt)	du hattest gewonnen
ich kam (Präteritum)	ich war gekommen

2

Am Freitagmittag fand Joel endlich den Mut, Nele ins Kino einzuladen. Nachdem er drei Tage immer wieder gezögert hatte, fragte er sie einfach. Nele sagte sofort zu und Joel begann mit den Planungen. Er besorgte Cola, Chips und Schokolade. Beim letzten Kinobesuch mit Leni hatte er sich um nichts gekümmert – das kam nicht gut an. Nele wollte er verwöhnen. Nachdem sie Popcorn gekauft hatten, setzten sie sich auf ihre Plätze. Dann passierte Joel ein Missgeschick. Er stieß den Eimer mit Popcorn um, nachdem er die Colaflaschen aus seiner Tasche geholt hatte. Das ganze Popcorn verteilte sich auf den Sitzen. Nele fing an zu lachen, nachdem sie sich von dem Popcorn befreit hatte. Joel holte daraufhin die Chips heraus. Sie waren nur noch Krümel. Joel hatte sich wohl in der Straßenbahn aus Versehen auf seine Tasche gesetzt. „Heute geht alles schief“, jammerte Joel. Aber Nele nahm lächelnd seine Hand.

Seite 51: TEST: Wortarten, Zeitformen

1

Diese Aussagen treffen zu:
- Es gibt die vier Fälle Nominativ, Genitiv, Dativ und Akkusativ.
- Nomen sind deklinierbar und Verben konjugierbar.
- Die Konjunktion ***nachdem*** zeigt Vorzeitigkeit an.

2

Berichtigte Aussagen:
- ***Ihn, ihm, ihr, du, er*** sind Personalpronomen.
- Das Plusquamperfekt gibt an, dass ein Vorgang vorzeitig abgelaufen oder abgeschlossen ist.

3 Personalpronomen Possessivpronomen

Wir haben eine Katze und lieben sie sehr. Ihr Körbchen steht in meinem Zimmer, manchmal aber auch im Zimmer meiner Schwester. Unsere Oma hat leider eine Katzenallergie. Sobald sie im gleichen Raum mit unserem Haustier ist, fängt ihre Nase an zu laufen. Die Aufgabe meines Vaters ist es, Katzenfutter zu kaufen, damit unser Liebling immer gut versorgt ist. Hast du auch ein Haustier? Wenn nicht, könntest du deine Eltern bitten, mit dir zusammen ein Tier aus dem Tierheim zu holen. Du wirst bestimmt Freude dabei haben, dich um es zu kümmern.

4

ich bin gegangen → ich war gegangen
sie arbeiten → sie hatten gearbeitet
du wirst verlieren → du hattest verloren
er war → er war gewesen
wir sind gefahren → wir waren gefahren
ihr seid gestürzt → ihr wart gestürzt

5

Lucca erzählt den Eltern beim Mittagessen von seinem Unfall auf dem Heimweg. Perfekt
Felix schreibt über seinen Unfall im Sportunterricht einen kurzen Bericht für die Versicherung. Präteritum
Silan schreibt ihrer Freundin in einem Brief vom Programm des Feriencamps in drei Wochen. Futur
Lina und Sophia verfassen zusammen ein Märchen. Präteritum

ISBN 978-3-14-121577-9

Seite 52 – 53: Aktiv und Passiv

1 Subjekt Objekt

Der Tierpfleger versorgt die Robben mit frischen Fischen. Die Robben werden von dem Tierpfleger mit frischen Fischen versorgt.

Ich habe eine Ziege gestreichelt. Eine Ziege ist von mir gestreichelt worden.

Die Ziegen fressen das Futter aus der Hand. Das Futter wird von den Ziegen aus der Hand gefressen.

Die Löwen haben Sam und Lisa durch ihr Gebrüll erschreckt. Sam und Lisa sind von den Löwen durch ihr Gebrüll erschreckt worden.

Der Tierarzt impft morgen die Elefantenkuh. Die Elefantenkuh wird morgen von dem Tierarzt geimpft.

Die Giraffe stört das Zebra beim Fressen. Das Zebra wird von der Giraffe beim Fressen gestört.

Mit Bananen füttern die Besucher die Affen. Die Affen werden von den Besuchern mit Bananen gefüttert.

2

Aufgaben nach einem langen Kinoabend

Der Putzwagen wird aus dem Abstellraum geholt. Das Licht im Kinosaal wird wieder angemacht. Die Handschuhe werden angezogen und alle Flaschen und Pappbecher werden eingesammelt. Das Popcorn wird zusammengefegt und die Sitzpolster werden abgewischt. Der Fußboden wird gesaugt. Die Mülleimer und der Putzwagen werden in den Abstellraum gestellt. Die Fundsachen werden an der Kasse abgegeben.

3

In Neudorf haben Bankräuber einen Geldautomaten gesprengt. Die Hausbewohner haben einen lauten Knall gehört. Eine Nachbarin hat die Polizei gerufen. Die Explosion hat alle Fensterscheiben zerstört. Die Polizei konnte die Verbrecher noch nicht festnehmen. Sie haben das gesamte Geld aus dem Automaten geraubt.

Seite 54: Wörtliche Rede

1

Ein Zuschauer schreit: „Passt auf den Torjäger auf!“
Der Schiedsrichter erklärt: „Das war eindeutig ein Foul.“
Ein Junge fragt: „Werden wir gewinnen, Papa?“

2

Jule fragt Arife: „Passt du gern auf kleine Kinder auf?“
Arife antwortet: „Manchmal ist das Babysitten sehr anstrengend.“
„Ich soll bei den Nachbarn babysitten!“, ruft Jule aufgeregt.
Arife beruhigt Jule: „Kleine Kinder schlafen viel.“
„Emil“, sagt Jule, „ist acht Monate alt und sehr niedlich.“

Seite 55: Indirekte Rede

1

Janos Mutter sagt, er müsse sich noch Gedanken über seine Geburtstagsfeier machen.
Jano antwortet, seine Gästeliste sei fertig und er lade acht Leute ein.
Der Vater will wissen, ob er wieder die Fußballhalle mieten solle.
Das habe allen im letzten Jahr so viel Spaß gemacht, sagt Jano.
Jano fragt seine Mutter, ob sie bitte auch wieder Muffins backen könne.

2

Lukas sagt: „Mein Bruder hat gute Noten.“
Musa erklärt: „Ich bin beim Abschreiben erwischt worden.“
Zoe behauptet: „Ich bin immer ehrlich gewesen.“

Seite 56: TEST: Aktiv/Passiv, Wörtliche Rede/Indirekte Rede

1

Steht der Begleitsatz nach der wörtlichen Rede, so folgt auf ein Ausrufezeichen ein / ~~kein~~ Komma.
Überträgt man einen Satz vom Aktiv ins Passiv, so ~~ändert sich~~ / ändert sich nicht die Zeitform des Verbs.
Der Konjunktiv I wird mit dem ~~Infinitiv~~ / Infinitiv ohne *-n* gebildet.
Wird eine Frage in die indirekte Rede übertragen, ist die Konjunktion ob / ~~dass / weil~~ erforderlich.

2

Die Würstchen sind von dir im Kühlschrank vergessen worden. (Passiv) → Du hast die Würstchen im Kühlschrank vergessen. (Aktiv)

ISBN 978-3-14-121577-9

Wir sind von dem Gewitter geweckt worden. (Passiv)
→ Das Gewitter hat uns geweckt. (Aktiv)
Kinder lieben Schokoladen- und Erdbeereis. (Aktiv)
→ Schokoladen- und Erdbeereis wird von Kindern geliebt. (Passiv)

3 Lösungsbeispiel:
Martha behauptet: „Sophia hat mich nicht zur Party eingeladen." „Das kann nicht sein", antwortet Ava, „die Einladung liegt doch hier im Briefkasten." „Jetzt bin ich erleichtert", sagt Martha. Ava fragt entgeistert: „Hast du deswegen geweint?" Dann ruft sie: „Du musst doch wissen, dass du immer eingeladen wirst!"

4

Anton fragt Karin, ob er während ihres Urlaubs die Blumen gießen solle.
Karin antwortet, dass er das gerne machen könne.

Seite 57–58: Satzglieder

1

Du hast deine Jacke vorhin in der Aula vergessen.
Subjekt: du, Prädikat: hast vergessen, Objekt: deine Jacke (A), Adverbiale Bestimmung: vorhin (Z), Adverbiale Bestimmung: in der Aula (O)

Im Kino ist Frieda und mir gestern etwas Lustiges passiert.
Subjekt: etwas Lustiges, Prädikat: ist passiert, Objekt: Frieda und mir (D), Adverbiale Bestimmung: im Kino (O), Adverbiale Bestimmung: gestern (Z)

Mein Vater hat wegen der Übertragung des Fußballspiels viele Nachbarn in unseren Wintergarten eingeladen.
Subjekt: mein Vater, Prädikat: hat eingeladen, Objekt: viele Nachbarn (A), Adverbiale Bestimmung: wegen der Übertragung des Fußballspiels (G), Adverbiale Bestimmung: in unseren Wintergarten (O)

2

Sie bekommt zum Geburtstag einen Kaninchenkorb. (Akkusativobjekt)
Einen Kaninchenkorb bekommt sie zum Geburtstag.

Heute darf Lotta im Zoogeschäft ein Kaninchen aussuchen. (Adverbiale Bestimmung des Ortes)
Im Zoogeschäft darf Lotta heute ein Kaninchen aussuchen.

Am besten gefällt ihr das Kaninchen mit der weißen Nase. (Subjekt)
Das Kaninchen mit der weißen Nase gefällt ihr am besten.

Das Kaninchen wird vorsichtig in eine Transportschachtel gesetzt. (Adverbiale Bestimmung der Art und Weise)
Vorsichtig wird das Kaninchen in eine Transportschachtel gesetzt.

Lotta gibt dem Kaninchen den Namen Murmel. (Dativobjekt)
Dem Kaninchen gibt Lotta den Namen Murmel.

Der Verkäufer gibt Lotta Hinweise wegen des Futters. (Adverbiale Bestimmung des Grundes)
Wegen des Futters gibt der Verkäufer Lotta Hinweise.

3

AdZ P S
Heute | ist | ein wunderschöner Herbsttag. Ben und
S P AO AdZ
John | lassen | ihre neue Drachen | am Nachmittag |
AdO P S
auf dem Feld | steigen. Johns Schwester Lauren |
P AdA AO P DO
will | lieber | Kastanien | sammeln. Den Kastanien |
P S
klebt | sie | Streichholzbeine und kleinen Augen aus
AO P AO
dem Bastelgeschäft | an. Einen langen Spaziergang |
P AdZ S
machen | an dem Nachmittag | Bens Großeltern.
S P AdG
Sie | nutzen | wegen ihrer Gehprobleme | Walking-
AO AdZ P S
stöcken. Am Ende des Tages | treffen sich | alle |
AdA AdO
entspannt | in Bens und Johns Garten.

ISBN 978-3-14-121577-9

Seite 59 – 61: Satzreihe und Satzgefüge

1

Ich habe gekocht, Paul hat den Tisch gedeckt, wir können essen.
Lisa will wegfahren, ihr Koffer ist gepackt, das Taxi kommt.
Die Fans stehen an, der Einlass startet, das Konzert beginnt.

2

Luise verkauft ihre Barbies, die sie nicht mehr braucht.
Unsere neue Trainerin, die viele Ideen hat, motiviert uns.
Mein Handy, das heruntergefallen ist, muss repariert werden.
Das Buch, das du mir geschenkt hast, habe ich gelesen.

3

Weil das Freibad unser Treffpunkt ist, sind dort meine Freunde.
Wir haben alle eine Jahreskarte, da das viel günstiger ist.
Damit uns jeder finden kann, liegen wir immer beim Kiosk.
Dort kaufen wir uns kühle Softdrinks, obwohl wir Wasserflaschen dabeihaben.
Bevor wir glücklich ins Wasser springen, duschen wir.

4

Der Lebensraum der Eisbären ist, weil die Ozeane sich erwärmen, bedroht.
Eisbären und Pinguine begegnen sich, da Eisbären in der Arktis leben und Pinguine in der Antarktis, nur im Zoo.

5

Da Affen gut klettern können, gibt es auf Ko Samui, einer Insel in Thailand, eine Affenschule. Die Affen können, nachdem sie ausgebildet worden sind, bis zu 1.000 Kokosnüsse am Tag ernten. Weil es schwierig ist, die Tiere zu unterrichten, dauert die Ausbildung sechs Monate. Während die Affen zur Schule gehen, leben sie bei Betreuern. Das ist wichtig, damit sie sich auf ihre Aufgaben konzentrieren können. Da es auf Ko Samui circa zwei Millionen Palmen gibt, benötigt man gute Helfer. Die Affen klettern blitzschnell auf die Palmen, obwohl diese sehr hoch sind. Dort drehen sie – teils mit den Hinterbeinen – die Kokosnüsse, bis diese zu Boden fallen. Wenn die Affen noch in der Ausbildung sind, lernen sie, wie unreife von reifen Kokosnüssen zu unterscheiden sind. Weil die Affen von Palme zu Palme springen können, sind sie für die Kokosnussernte unverzichtbar. Kokosnüsse sind die zweitgrößte Einnahmequelle der Insel.

6 Lösungsbeispiel:

In diesem Jahr will die Klasse 7a Schuhkartons packen, die für bedürftige Kinder in anderen Ländern bestimmt sind. Marlene bringt fünf Buntstifte, die neuwertig sein müssen, mit. Jasin besorgt zwei Mützen, die kostenlos sind, weil seine Eltern ein Bekleidungsgeschäft haben. Da Kinder sehr gerne Süßigkeiten essen, müssen diese natürlich auch in die Kartons. Weil ein alter Schuhkarton nicht wie ein Geschenk aussieht, werden die Kartons zum Schluss mit buntem Papier beklebt.

Seite 62 – 63: *das* oder *dass*

1

Das Fahrrad, das Luke zum Geburtstag bekommen hat, wurde gestern gestohlen. Der Dieb hat wohl das Schloss, das sehr stabil war, einfach durchgesägt. Dass ausgerechnet ihm so etwas passieren musste, findet Luke gemein. Vor zwei Jahren war schon sein Mountainbike, das er sich erspart hatte, verschwunden. Bei der Polizei wurde ihm damals gesagt, dass Fahrräder auch oft in Seen oder Flüsse geworfen werden. Dass er das Geld, das er für sein Mountainbike bezahlt hatte, später zurückbekam, hat Luke gefreut. Was für ein Glück, dass sein Vater die Fahrräder bei der Hausratsversicherung versichert hatte. Luke sagt, dass er sein Fahrrad mit der tollen Gangschaltung vermissen wird. Es gibt jetzt nämlich ein Problem, das ihm zu schaffen macht. Bei der Radtour des Handballvereins am Wochenende will Luke eigentlich das Ziel, das er mit ausgesucht hat, als Erster erreichen. Luke ist klar, dass er ohne Fahrrad nicht mitfahren kann. Zum Glück gibt es aber Freunde! Nachdem Theo erfahren hatte, dass Lukes Fahrrad weg ist, organisierte er ein Fahrrad, das jedoch nicht so cool ist wie das von Luke. Dass er damit nicht gewinnen wird, ist Luke aber egal. Freunde sind wichtiger als ein Sieg!

ISBN 978-3-14-121577-9

2

blau grün rot

Es freut mich, dass das Schuljahr, das ich schwierig fand, zu Ende geht und ich bald Ferien habe. Das letzte Referat, das ich halten musste, erbrachte das beste Ergebnis, das ich je hatte. Dass ich eine Eins für meinen Vortrag bekommen würde, war nicht zu erwarten. Dass die ganze Klasse applaudiert hat, dass mein Lehrer mich gelobt und es gleich meinem Klassenlehrer erzählt hat, war der Wahnsinn! Jetzt habe ich begriffen, dass sich das Lernen und Arbeiten wirklich lohnen kann. Das Erfolgserlebnis, das ich hatte, und das Glücksgefühl, nicht immer der Looser zu sein, tun mir so gut. Ich werde motiviert in das neue Schuljahr gehen. Dass es immer so gut klappt, ist nicht sicher. Aber ich werde es versuchen!

3

Amelie freut sich, dass **(K)** die Sommerferien bald beginnen. Dass **(K)** ihre Familie auch in diesem Jahr in den Urlaub fahren wird, findet sie toll. Ihr kleiner Bruder Eric hat schon das **(A)** aufblasbare Krokodil, das **(R)** er im letzten Urlaub bekommen hat, aus dem Keller geholt. Er hat allerdings nicht verstanden, dass **(K)** es in diesem Jahr nicht nach Spanien geht. Sicherlich kann er aber auch in Österreich mit dem Laufrad, das **(R)** er so liebt, fahren. Amelie hofft darauf, dass **(K)** sie nicht immer auf den Kleinen aufpassen muss. Besonders das **(A)** neue Sommeroutfit, das **(R)** sie von ihrem Taschengeld gekauft hat, wird viel Beachtung finden. Sie muss allerdings in Kauf nehmen, dass **(K)** die neuen Schuhe nicht sehr bequem sind. Das Model JC, das **(R)** diese Schuhe auch trägt, ist ihr großes Idol. Amelies Vater wird allerdings behaupten, dass **(K)** man im Urlaub bequeme Schuhe tragen sollte. Das Hotel, das **(R)** er gebucht hat, veranstaltet abends Partys für Jugendliche. Da kann Amelie zeigen, dass **(K)** sie auch mit diesen Schuhen tanzen kann.

ISBN 978-3-14-121577-9

Seite 64: TEST: Satzglieder, Satzreihe und Satzgefüge

1

Diese Aussagen treffen zu:
Ein Satz kann auch nur aus Subjekt und Prädikat bestehen.
Zwischen Haupt- und Nebensatz steht immer ein Komma.

2

Berichtigte Aussagen:
Es gibt Adverbiale Bestimmungen der Zeit, des Ortes, des Grundes und der Art und Weise.
Eine Satzreihe besteht nur aus Hauptsätzen.

3

Zoe freut sich auf das Eis, das ihr Opa kauft.
Dass du verlieren wirst, ist vor dem Spiel sicher.
Das Ziel der Klassenfahrt, das wir selbst ausgesucht haben, ist toll.

4

Im Supermarkt (AdO) | sehen (P) | Elisa und ihre kleine Schwester Sue (S) | Ende August (AdZ) | Weihnachtskekse (AO). Ihre Mutter (S) | will (P) | ihnen (DO) | erst kurz vor Weihnachten (AdZ) | Kekse (AO) | kaufen (P). Weil sie Lust darauf haben (AdG) |, investieren (P) | die Mädchen (S) | ihr Taschengeld (AO). Die Lebkuchenherzen (S) | riechen (P) | wunderbar (AdA)!

5

Im Zoo sehe ich eine Giraffe, die Blätter von einem Baum frisst. Der Baum steht mitten im Gehege, das gerade von den Tierpflegern gesäubert wird. Sie schaufeln den Mist in eine Schubkarre mit einem kaputten Rad, das bisher keiner repariert hat.

Digital+
Videos zu deinem LEVEL-Heft erkennst du an dem Symbol **Digital+**.
Gehe auf *www.westermann.de/webcode* und gib den gewünschten Webcode (z. B. WES-121577-001) ein. Du kannst auch den QR-Code scannen.

Mann über Bord

Video: WES-121577-001

1 Lies den Merkkasten zur Inhaltsangabe.

Merkkasten

In einer **Inhaltsangabe** fasst du den Inhalt einer Geschichte kurz zusammen:
- Nenne in der **Einleitung** die **Textsorte**, die **Autorin/**den **Autor**, den **Titel**, das **Thema** (d. h. den Inhalt in ein bis zwei Sätzen) und das **Entstehungsjahr**.
- Fasse im Anschluss die **Handlung** in der **richtigen Reihenfolge**, in **eigenen Worten** und in **sachlicher Sprache** zusammen. Unwichtiges lässt du weg.
- Schreibe im **Präsens**.

2 Lies die Inhaltsangabe zur Kurzgeschichte „Mann über Bord" von Günter Kunert, die eine Schülerin geschrieben hat. Markiere im ersten Absatz die einzelnen Bestandteile der Einleitung in unterschiedlichen Farben und schreibe sie daneben. Ein Beispiel ist vorgegeben.

3 Prüfe, ob in der Inhaltsangabe durchgehend die richtige Zeitform verwendet wird. Streiche fehlerhafte Verbformen durch und schreibe sie richtig auf. Ein Beispiel ist vorgegeben.

4 An zwei Stellen hat die Verfasserin nicht sachlich formuliert. Streiche diese Stellen durch.

In der Kurzgeschichte „Mann über Bord" von Günter Kunert aus dem Jahr 1972 geht es um ein Schiffsunglück, bei dem alle Besatzungsmitglieder bis auf den einen Matrosen, der das Unglück verursacht hat, sterben.
Ein betrunkener Matrose ~~verlor~~ bei leichtem Seegang das Gleichgewicht und fiel von Bord. Mit einem Rettungsboot wollte man ihm helfen, doch das Boot kenterte. Beim Versuch, die Insassen des Rettungsboots zu retten, läuft das Schiff auf ein Korallenriff auf. Es wurde aufgerissen und sank. Wer von der Besatzung nicht ertrinkt, wird in einem richtig grauenvollen Gemetzel von Haien gefressen oder verdurstete später in einem Rettungsboot. Wie furchtbar! Der einzige Überlebende ist der Verursacher des Unglücks. Er wurde auf eine Insel geschwemmt und hat dort den Bewohnern erzählt, dass eine Kesselexplosion die Ursache des Schiffsunglücks gewesen sei.
Die Inselbewohner verehrten den Matrosen ein Leben lang, weil sie stolz sind, jemanden zu kennen, der solch ein Unglück überlebt hat. Allerdings versteckt sich dieser immer, wenn ein Fremder die Insel betritt, aus Angst, dass seine Lüge auffliegt.

Textsorte

verliert

John Maynard

1 Lies den Merkkasten.

Merkkasten

Wörtliche Rede wird in der **Inhaltsangabe** in **indirekte Rede umgewandelt** oder **zusammenfassend wiedergegeben:**
Elias sagt: „Heute muss ich viel lernen und kann daher nicht zum Training kommen."
→ *Elias sagt, er müsse heute viel lernen und könne daher nicht zum Training kommen.* (indirekte Rede)
Oder: ***Elias meldet sich vom Training ab, weil er heute viel lernen muss.*** (Zusammenfassung)

Informationen zur indirekten Rede findest du auf Seite 55.

2 Lies die Inhaltsangabe zur Ballade „John Maynard" von Theodor Fontane, die ein Schüler geschrieben hat. An einigen Stellen hat er wörtliche Rede verwendet. Überarbeite die markierten Textstellen.

Die Ballade „John Maynard" von Theodor Fontane aus dem Jahr 1886 erzählt von einem Schiffsunglück auf dem Eriesee, bei dem ein mutiger Steuermann alle Passagiere bis auf sich selbst retten kann.
Das Schiff „Schwalbe" ist voll besetzt auf dem Weg von Detroit nach Buffalo, als etwa 20 Minuten vor dem Ziel jemand aus dem Schiffsraum schreit: „Feuer!" Die Reisenden sammeln sich ganz vorn auf dem Vorderdeck, da es dort noch nicht brennt. Der Steuermann John Maynard hält am anderen Schiffsende trotz Feuer und Qualm das Steuer fest. Während die Passagiere panisch rufen „Wo sind wir? Wo?", bleibt der Steuermann ruhig und sagt: „Auf den Strand! Ich halte drauf hin." Da jubeln ihm die Menschen zu: „Halt aus!"
Der Kapitän fragt John Maynard immer wieder durch das Sprachrohr: „Noch da, John Maynard?", da er ihn wegen des Qualms nicht mehr sehen kann. Der Steuermann antwortet tapfer: „Ja, Herr", bis er das Schiff schließlich in voller Fahrt auf das rettende Ufer auflaufen lässt. Alle Menschen an Bord sind wohlauf. Nur John Maynard hat das Unglück nicht überlebt. Mit einer ergreifenden Beerdigung erweisen die Menschen von Buffalo dem Steuermann die letzte Ehre.

als etwa 20 Minuten vor dem Ziel Feuer im Schiffsraum ausbricht.

3 Schreibe die überarbeitete Inhaltsangabe vollständig in dein Heft ab.

Der Handschuh

1 Lies die Ballade „Der Handschuh“ von Friedrich Schiller. Markiere dabei wichtige Textstellen.
Tipp: Zu den schräg geschriebenen Wörtern findest du auf Seite 7 Erklärungen.

2 Vervollständige die Inhaltsangabe zur Ballade. Beachte die Hinweise in den Merkkästen (Seite 4 und 5).

Der Handschuh (1797)
Friedrich Schiller

Vor seinem Löwengarten, 1
Das Kampfspiel zu erwarten,
Saß König Franz,
Und um ihn die Großen der Krone,
Und rings auf hohem Balkone
Die Damen in schönem Kranz.

Und wie er winkt mit dem Finger, 2
Auf tut sich der weite Zwinger,
Und hinein mit bedächtigem Schritt
Ein Löwe tritt
Und sieht sich stumm
Rings um,
Mit langem Gähnen,
Und schüttelt die Mähnen
Und streckt die Glieder
Und legt sich nieder.

Und der König winkt wieder, 3
Da öffnet sich *behend*
Ein zweites Tor,
Daraus rennt
Mit wildem Sprunge
Ein Tiger hervor.
Wie der den Löwen erschaut,
Brüllt er laut,
Schlägt mit dem *Schweif*
Einen furchtbaren *Reif*
Und recket die Zunge,
Und im Kreise scheu
Umgeht er den *Leu*
Grimmig schnurrend,
Drauf streckt er sich murrend
Zur Seite nieder.

In der Ballade …

geht es um eine Hofdame, die von einem Ritter einen Beweis für seine Liebe haben möchte. Vor dem Löwengarten von König Franz sitzt dieser mit seinen Gefolgsleuten und Hofdamen, um …

Auf das Kommando des Königs öffnet sich zunächst der Zwinger eines Löwen, welcher …

Aus einem zweiten Tor kommt danach ein wilder Tiger gesprungen. Dieser versucht, den Löwen …

4
Und der König winkt wieder,
Da *speit* das doppelt geöffnete Haus
Zwei Leoparden auf einmal *aus*,
Die stürzen mit mutiger Kampfbegier
Auf das Tigertier;
Das packt sie mit seinen grimmigen Tatzen,
Und der *Leu* mit Gebrüll
Richtet sich auf – da wird's still,
Und herum im Kreis,
Von Mordsucht heiß,
Lagern sich die *greulichen* Katzen.

Schließlich ...

5
Da fällt von des *Altans* Rand
Ein Handschuh von schöner Hand
Zwischen den Tiger und den *Leun*
Mitten hinein.

Vom Balkon wird ein Handschuh in die Mitte der Raubkatzen geworfen. Er gehört der Hofdame Fräulein Kunigunde, ...

6
Und zu Ritter Delorges, spottenderweis',
Wendet sich Fräulein Kunigund:
„Herr Ritter, ist Eure Lieb' so heiß,
Wie Ihr mir's schwört zu jeder Stund',
Ei, so hebt mir den Handschuh auf."

7
Und der Ritter, in schnellem Lauf
Steigt hinab in den furchtbaren *Zwinger*
Mit festem Schritte,
Und aus der Ungeheuer Mitte
Nimmt er den Handschuh mit keckem Finger.

Der Ritter folgt der Aufforderung, steigt ...

8
Und mit Erstaunen und mit Grauen
Sehen's die Ritter und Edelfrauen,
Und gelassen bringt er den Handschuh zurück.
Da schallt ihm sein Lob aus jedem Munde,
Aber mit zärtlichem Liebesblick –
Er verheißt ihm sein nahes Glück –
Empfängt ihn Fräulein Kunigunde.
Und er wirft ihr den Handschuh ins Gesicht:
„Den Dank, Dame, *begehr'* ich nicht!"
Und verlässt sie zur selben Stunde.

Alle Anwesenden sind überrascht und entsetzt zugleich. Unter großem Beifall geht Delorges zu Kunigunde, ...

Worterklärungen

behend: schnell
Schweif: buschiger Schwanz
einen Reif schlagen: eine bogenförmige Bewegung machen
Leu: Löwe
speit aus: spuckt aus
greulich: grauenvoll, schrecklich
Altan: Balkon
Zwinger: Raubtierkäfig
begehren: wünschen

Der kluge Richter

1 Lies die Kalendergeschichte „Der kluge Richter“ von Johann Peter Hebel.

2 Verfasse in deinem Heft eine Inhaltsangabe zur Kalendergeschichte. Beachte dabei die Hinweise in den Merkkästen auf den Seiten 4 und 5.
Tipp: Als Vorbereitung kannst du im Text Wichtiges markieren und dazu Stichpunkte aufschreiben.

So kannst du beginnen:

In der Kalendergeschichte „Der kluge Richter“ von Johann Peter Hebel aus dem Jahr 1811 geht es um einen reichen Mann, der einen ehrlichen Finder um seinen Finderlohn bringen möchte.
Der reiche Mann hat eine hohe Geldsumme verloren und setzt daher …

Der kluge Richter (1811)

nach Johann Peter Hebel

Ein reicher Mann hatte einmal eine hohe Geldsumme, die in ein Tuch eingenäht war, aus Unvorsichtigkeit verloren. Um sein Geld zurückzubekommen, setzte er darauf einen Finderlohn von 100 Talern aus.
Es dauerte nicht lange, da kam der ehrliche Finder und sagte zu dem Mann: „Ich habe gehört, dass du dein Geld verloren hast. Ich habe ein Päckchen gefunden – das wird wohl deins sein. Bitte schön, nimm dein Eigentum zurück.“
Der reiche Mann freute sich sehr, dass er sein verlorenes Geld wieder hatte. Allerdings war er im Gegensatz zu dem Finder alles andere als ehrlich. Er zählte das Geld und dachte dabei schnell nach, wie er den treuen Finder um seine versprochene Belohnung bringen könnte. Denn er wollte alles selbst behalten. „Guter Freund“, sprach er, „es waren 800 Taler in das Tuch eingenäht. Ich finde jetzt aber nur 700 Taler. Du wirst also wohl schon eine Naht aufgetrennt und dir deinen Finderlohn herausgenommen haben.“
Dem ehrlichen Finder ging es nicht um die 100 Taler, aber um seinen guten Ruf. Daher versicherte er, dass er das Päckchen so gefunden habe, wie er es übergeben hatte.
Der Streit der beiden kam schließlich vor Gericht. Dort bestanden beide auf ihrer Version der Geschichte. Der eine behauptete, dass ursprünglich 800 Taler eingenäht gewesen waren. Der andere versicherte, dass er den Fund so abgegeben hatte, wie er ihn gefunden hatte.
Der Richter aber war klug und ahnte im Voraus, dass der Finder die Wahrheit sprach. Daher ging er die Sache so an: Er ließ beide Männer einen Eid schwören, dass sie die Wahrheit sagten. Anschließend fällte er sein Urteil: „Der eine von euch hat ein Päckchen mit 800 Talern verloren. Der andere hat ein Päckchen mit 700 Talern gefunden. Das bedeutet, dass es sich nicht um dasselbe Päckchen handeln kann. Der ehrliche Finder darf also das Geld, das er gefunden hat, behalten, bis derjenige kommt, der 700 Taler verloren hat.“ Und dem reichen Mann gab der Richter den Rat, zu warten, bis sich jemand meldet, der die 800 Taler gefunden hat. Bei diesem Urteil blieb es.

Tablet beschädigt

Marie hat in der Schule mit ihrem Tablet ein unvorteilhaftes Foto von Lucy gemacht. Bei dem anschließenden Streit wurde das Tablet beschädigt. Für die Versicherung soll jedes der Mädchen einen Ereignisbericht verfassen.

1 Lies den Merkkasten zum Ereignisbericht.

Merkkasten

Ein **Ereignisbericht** informiert über die **W-Fragen** zu einem Ereignis:

- **Einleitung:** Sie ist **kurz** und enthält die wichtigsten Informationen: **Was** ist **wem**, **wann** und **wo** passiert?
- **Hauptteil:** Er beschreibt **knapp** und **sachlich** (keine Vermutungen oder Gefühle!), aber vollständig, **was** passiert ist.
- **Schluss:** Er kann zusätzliche Informationen bringen und enthält oft auch die **Folgen**.

Achte beim Berichten auf die **zeitliche Reihenfolge** der Geschehnisse und erfinde nichts hinzu. Deine eigene Meinung musst du weglassen, sollst also **sachlich** berichten.
Nutze die Formen der Vergangenheit, vor allem das **Präteritum** (***Ich fuhr ... / ich sah ...***).

2 Lucy hat Sätze zu dem Vorfall aufgeschrieben, allerdings sind diese noch ungeordnet.
Nummeriere die Sätze in der richtigen Reihenfolge.

	Ich wurde sehr wütend und wir stritten um das Tablet.
1	Am Donnerstag, den 24. Juni, wurde im Klassenraum der 7e der IGS Neuburg um 13.20 Uhr ein Tablet beschädigt. Daran beteiligt waren Marie Hummel und ich, Lucy Schinke, aus der 7e.
	Das Tablet ging kaputt. Der Bildschirm hat nun einen Riss.
	Ich bat Marie, das Foto zu löschen. Sie weigerte sich.
	Ich putzte mir die Nase. Marie machte mit ihrem Tablet ein Foto von mir.
	Wir zerrten das Tablet zwischen uns hin und her, bis es herunterfiel.
	Marie und ich waren früher aus der Mittagspause in den Klassenraum gegangen, weil wir noch ein paar Videos von uns machen wollten. Es war noch keine Lehrkraft da.
	Die Reparaturwerkstatt schätzt den Schaden auf ca. 150 Euro.

3 Schreibe an Lucys Stelle einen Ereignisbericht in dein Heft. Achte dabei auf Folgendes:
- Beachte die Hinweise im Merkkasten.
- Mache nach der Einleitung (1) und vor dem Schlusssatz (8) einen Absatz.
- Nutze Wörter aus dem Wortspeicher, um im Hauptteil den Ablauf deutlich zu machen.

Tabletschaden
Am Donnerstag, den 24. Juni, wurde im Klassenraum der 7e der IGS Neuburg ...
Marie und ich waren früher ... Als ich mir die Nase putzte ... Daraufhin bat ich ...

dann | danach | deshalb | schließlich | daraufhin | als | doch | dabei

Mobbing im Pausenhof

Darja wurde vor Kurzem von ihren Mitschülerinnen gemobbt. Ihre Gefühle und Gedanken hat sie an dem betreffenden Tag abends in ihr Tagebuch geschrieben.

1 Lies den Tagebucheintrag.

Liebes Tagebuch, 15. November

heute war ein schlimmer Tag! Wie jeden Tag seit den Osterferien haben mich Olja und ihre Mädels verfolgt. Es begann ganz harmlos, als ich in der Pause im Pausenhof auf einer Bank saß, um mein Brot zu essen. Zunächst kam nur Kristina und unterhielt sich mit mir. Das war eigentlich nett und ich dachte schon, dass sie doch nicht so blöd ist. Ich war sooo happy! Doch kurz darauf sind Olja und die Zicke Ludmilla gekommen. „Verpiss dich, das ist unsere Bank!“, haben sie mir zugerufen. Dann hat mir Kristina sogar noch die Schnürsenkel aufgemacht. Als ich mich gebückt habe, um sie wieder zu schließen, haben sie mir wohl den Zettel auf den Rücken geklebt. Zurück im Klassenzimmer haben mich alle ausgelacht. Ich habe das überhaupt nicht verstanden, aber ich habe mich soooo mies gefühlt. Wie ein Alien! Beim Zurücklehnen hörte ich es dann knistern. Da habe ich den Zettel entdeckt: „Ich bin dämlich! Lacht mich aus!“, stand darauf. Ich war so wütend, dass ich aufs Klo gerannt bin und dort geheult habe. Ich hasse Olja und Co. und wünsche mir so sehr, dass dieses Mobbing aufhört! Was soll ich nur tun?

2 Darja entschließt sich, das Mobbing der Vertrauenslehrerin zu melden. Diese bittet Darja zunächst darum, einen Ereignisbericht über den Vorfall anzufertigen. Hilf Darja dabei.

a) Markiere im Tagebucheintrag die wichtigsten Informationen zum Vorfall. Orientiere dich an den W-Fragen (siehe Merkkasten auf Seite 9). Lass alle Gefühle und Gedanken weg.

b) Schreibe zu den W-Fragen Stichwörter auf.

Was geschah? __________

Wer war anwesend? __________

Wann passierte es? __________

Wo fand es statt? __________

Wie war der Ablauf des Ereignisses? __________

____

____

Welche Folgen hat das Geschehen? __________

c) Schreibe den Ereignisbericht in dein Heft. Beachte dabei die Hinweise im Merkkasten auf Seite 9.

Ein Popstar in der Turnhalle

Während der Schülervollversammlung taucht plötzlich Kevin Bling in der Turnhalle auf – der Sieger aus der Castingshow „Die Stimme deiner Stadt"! Die Sportlehrerin hatte an einem Preisausschreiben teilgenommen und den Auftritt des Sängers für ihre Schule gewonnen. Leider wurde bei dem Konzert aber eine Boombox der Schule beschädigt. Die Versicherung benötigt einen Bericht zu dem Vorfall.

1 Verfasse einen Ereignisbericht für die Versicherung. Nutze die Hinweise im Merkkasten auf Seite 9 und die Stichwörter aus dem Wortspeicher. Achtung: Du musst die Stichwörter erst in der richtigen Reihenfolge nummerieren.

☐ 8. März, 13 Uhr, Turnhalle der Georg-Büchner-Gesamtschule | ☐ Sänger sang drei Songs | ☐ Auftritt des Sängers Kevin Bling | ☐ Nun ein Lautsprecher defekt | ☐ Boombox wurde beschädigt | ☐ Konzert hatte Sportlehrerin Frau Gliesen bei Preisausschreiben gewonnen | ☐ Kevin Bling wurde von Frau Gliesen angekündigt | ☐ Reparaturkosten ca. 200 Euro | ☐ Abgang von der Bühne, Kevin Bling stolperte über Kabel | ☐ Er riss dabei Boombox mit sich

Boombox-Schaden

Am 8. März ...

SCHREIBEN **Einen Vorgang ordnen und beschreiben**

Felix lernt Schuheputzen

Dem neuen Fußballtrainer ist es wichtig, dass alle Spieler mit geputzten Fußballschuhen auf dem Platz erscheinen. Weil Felix seine Schuhe noch nie selbst geputzt hat, freut er sich, als er eine Anleitung dafür an der Tür des Geräteschuppens entdeckt. Doch jemand hat sich einen Scherz erlaubt, denn die Anleitung ist völlig durcheinandergeraten.

1 Schau dir die Bilder der Anleitung an und lies die Stichwörter.

1

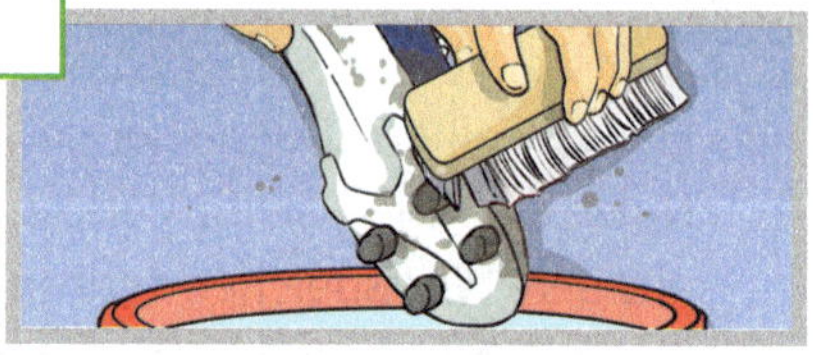

Bürste nehmen, in Wassereimer tauchen

Man benötigt: schmutzige Schuhe, mit Wasser gefüllter Eimer, große Bürste, Putzlappen, Imprägnierspray

Zum Imprägnieren Schutzschicht mit Spray auftragen

2

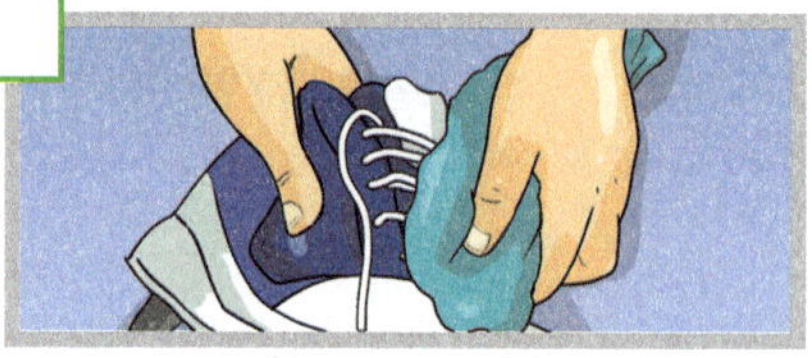

Schuhe mit Putzlappen trocken reiben

Schuhe über Eimer halten, mit Bürste sauber schrubben; Bürste wiederholt ins Wasser tauchen, von Schmutz befreien

Große Schmutzbrocken unter den Stollen entfernen

2 a) Bringe die Bilder in die richtige Reihenfolge, indem du sie nummerierst.
b) Verbinde jedes Bild mit den zugehörigen Stichwörtern.

3 Lies den Merkkasten und verfasse in deinem Heft eine Vorgangsbeschreibung „Fußballschuhe putzen“. Nutze die Stichwörter aus Aufgabe 2.

Fußballschuhe putzen

Zum Schuheputzen benötigt man: ...
Als Erstes ... Dann ... Danach ... Schließlich ... Am Ende ...

Merkkasten

Mit einer **Vorgangsbeschreibung** kannst du jemanden informieren, wie man eine Tätigkeit ausübt.
- Nenne zunächst benötigte **Materialien** oder **Werkzeuge**.
- Beschreibe die einzelnen **Handlungsschritte** genau und in der **richtigen Reihenfolge**.

Achte insgesamt auf Folgendes:
- Nutze **passende Verben** für die Tätigkeiten sowie **passende Fachwörter**.
- Schreibe im **Präsens** oder im **Imperativ**.
- Bleibe bei einer **einheitlichen Ansprache**: ***du, Sie*** oder ***man***.
- Denke auch an eine **passende Überschrift**.

Gartenbank „Sonnenschein“

Johannas Opa hat im Internet eine Gartenbank bestellt. Mit der Montageanleitung, die nur aus Bildern besteht, kommt er aber nicht zurecht. Johanna verspricht, ihm eine Vorgangsbeschreibung zu verfassen. Hilf ihr dabei.

1 Schau dir die Bilder der Montageanleitung an und mache dir Notizen. Ein Anfang ist bereits gemacht.

Material:

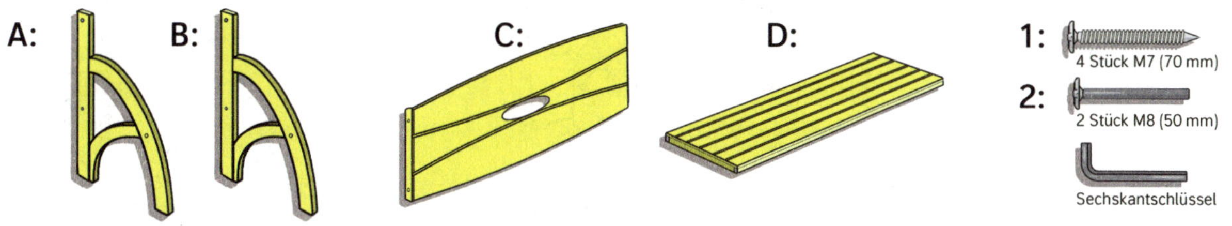

Montage:

1

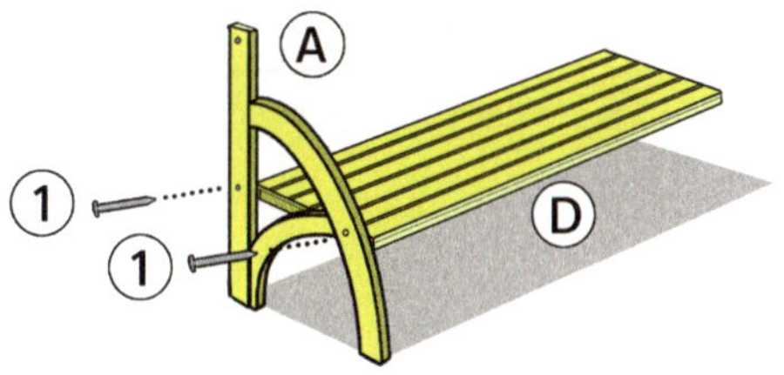

- Seitenteil A und Sitzfläche D nehmen, aneinanderhalten
- Schrauben M7 durch vorgebohrte Löcher (1) stecken
- mit Sechskantschlüssel Schrauben M7 eindrehen, dadurch Seitenteil A mit Sitzfläche D verbinden

2

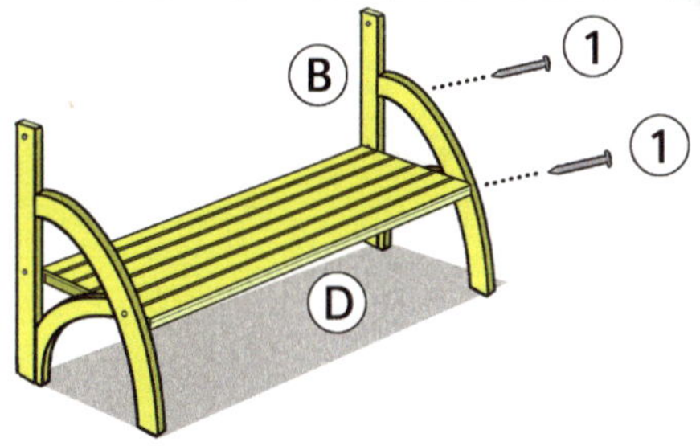

- Seitenteil B nehmen und ...

3

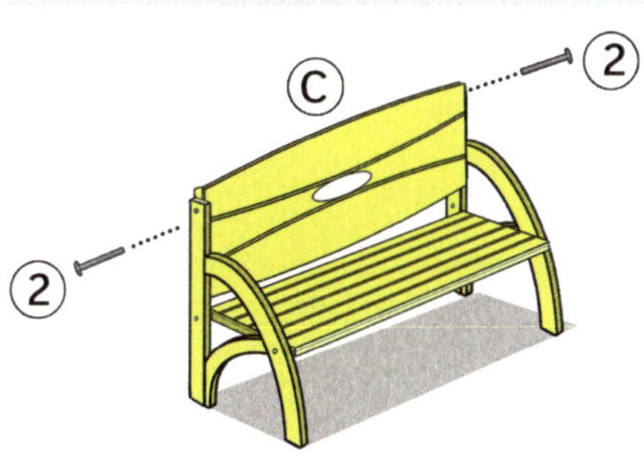

2 Schreibe die Vorgangsbeschreibung in dein Heft. Die Hinweise im Merkkasten auf Seite 12 helfen dir dabei.

Die Gartenbank „Sonnenschein“ zusammenbauen

Um die Gartenbank zusammenzubauen, benötigst du ein Seitenteil A, ein Seitenteil B, eine Rückenlehne C, ...

Kaffee kochen

1 Schau dir die Bilder zum Vorgang „Kaffee kochen“ an.

2 Schreibe zu jedem Bild Stichwörter auf.

Kaffee kochen

1) Man benötigt: Kaffeemaschine, ...

2)

3)

4)

5)

6)

3 Schreibe die Vorgangsbeschreibung in dein Heft. Die Hinweise im Merkkasten auf Seite 12 helfen dir dabei.

SCHREIBEN Eine Stellungnahme untersuchen und ergänzen

Parkour im Jugendzentrum

Dogan hat im Sommerurlaub die Sportart Parkour kennengelernt. Jetzt wünscht er sich, dass auf dem Gelände des Jugendtreffs eine Parkour-Strecke errichtet wird. Dafür verfasst er einen Brief an die Gemeinde mit einer Stellungnahme.

Merkkasten

Nenne in einer **Stellungnahme** deine **Meinung** zu einem Thema sowie die **Argumente**, die dafür sprechen. Baue deine Argumente durch **Beispiele** und **Belege/Beweise** aus. Ziehe ggf. ein **Gegenargument** hinzu, das du jedoch **entkräftest**.

1 a) Lies im Merkkasten, wie man eine Stellungnahme schreibt.
b) Markiere die Bestandteile einer Stellungnahme in Dogans Entwurf in den folgenden Farben:

Meinung/Anliegen | Argument | Beleg/Beweis | Gegenargument entkräftet

Sehr geehrter Herr Hickstein,

ich schreibe Ihnen, um Sie zu bitten, auf dem Gelände des Jugendzentrums eine Parkour-Strecke zu bauen. Der Jugendtreff ist für viele Jugendliche wichtig. Leider ist er aber in die Jahre gekommen und deshalb nicht mehr gut besucht. Eine Attraktion wie die Parkour-Strecke würde ihm zu neuem Glanz verhelfen und wir würden unsere Freizeit wieder gerne dort verbringen. In einer Umfrage der Zeitschrift „BRAVO" gaben sieben von zehn Jugendlichen an, dass sie einen Jugendtreff mit Parkour-Strecke oft besuchen würden. Sicher werden Sie jetzt sagen, dass eine solche Strecke viel zu teuer ist. Mit einer Tombola an einem Tag der offenen Tür könnte man einen Teil des Geldes für die Anlage zusammenbekommen. Auch könnte man Geschäfteinhaber als Sponsoren gewinnen. Ich wäre bereit, diese Aufgaben zu übernehmen. Ich hoffe, Sie von meiner Idee zu überzeugen, und würde mich über eine positive Antwort sehr freuen.

Mit besten Grüßen
Dogan Knigge

2 Ein Argument ist noch zu wenig. Dogan hat sich für ein weiteres Argument Notizen gemacht. Formuliere dieses Argument aus. Die Hinweise im Merkkasten helfen dir.

Während Coronapandemie waren Kinder nur zu Hause, viele sind übergewichtig / Parkour-Strecke ist tolle Sportmöglichkeit / Habe selbst im Sommer viel Parkour gemacht, 2 kg abgenommen

Wir brauchen einen Kickertisch!

Jasmin und Niklas wünschen sich einen Kickertisch in der Pausenhalle. Deshalb schreiben sie einen Brief mit einer Stellungnahme, den die Schülervertretung (SV) an die Schulleiterin weiterreichen kann.

1 Jasmin hat sich für die Stellungnahme ungeordnet Notizen gemacht.
a) Lies den Merkkasten.
b) Markiere in Jasmins Notizen die Argumente gelb und die Beispiele/Beweise blau. Verbinde jedes Argument mit dem passenden Beispiel/Beweis.

Meinung: Wir brauchen einen Kickertisch an unserer Schule!

- Kickertisch bietet sinnvolle und friedliche Beschäftigung für die Regenpause
- Es gibt zum Beispiel außerhalb der Schule Meisterschaften im Kickern.
- Schulleitung der IGS Sindelfingen berichtet: seit der Anschaffung des Kickertisches weniger Auseinandersetzungen während der Regenpause
- Mit Kickertisch kann man spielerisch in Wettkampf treten

Merkkasten

Achte darauf, dass du in einer **Stellungnahme** deine **Meinung** zum Thema sowie **Argumente** und **Beispiele/Beweise** sauber voneinander trennst.
Die **Meinung** erkennt man oft an Ausdrücken wie ***Ich finde/meine/glaube/bin der Meinung, dass ...***
Argumente sind die Gründe, die für deine Position sprechen.
Beispiele und Beweise bauen das Argument aus. Du kannst sie an Formulierungen mit ***zum Beispiel*** oder Zahlen bzw. Fakten erkennen.

2 Niklas hat ein Gegenargument gefunden. Entkräfte es.

Gegenargument: Ein Kickertisch geht schnell kaputt.

Entkräftung: ______________________

____

3 Schreibe nun die vollständige Stellungnahme an die Schulleiterin in dein Heft. Die Notizen aus Aufgabe 1 und die Vorarbeit aus Aufgabe 2 kannst du nutzen.
Denke an die Merkmale eines formellen Briefs (Ort und Datum, höfliche Anrede, Absätze, Großschreibung der Anredepronomen wie ***Sie/Ihnen***) und nutze die Wörter aus dem Wortspeicher.

Darüber hinaus ... | Außerdem ... | Zusätzlich ... | Abschließend ... |
Man könnte meinen, dass ... | Allerdings sollte man bedenken, dass ...

Altdorf, 02.02.2023

Sehr geehrte Frau Troschke,
wir möchten Sie um die Anschaffung eines Kickertisches für unsere Pausenhalle bitten. ...

Veggie-Days

Du findest das Menü der Schulmensa nicht zeitgemäß und möchtest, dass die Schülervertretung (SV) sich für drei fleischfreie Tage pro Woche in der Schulmensa einsetzt. Verfasse dazu eine Stellungnahme an die SV in Form einer E-Mail.

1 Mache dir zunächst Notizen für deine Stellungnahme:

Was ist der Anlass für deine E-Mail?

Wie ist deine Meinung zu dem Thema?

Notiere ein Argument mit Beispiel/Beweis:

Notiere ein zweites Argument mit Beispiel/Beweis:

Notiere ein Gegenargument:

Entkräfte das Gegenargument:

2 Schreibe die Stellungnahme an die SV in dein Heft. Denke dabei an den Aufbau einer formellen E-Mail/ eines formellen Briefes (das Datum kannst du in einer E-Mail weglassen, es erscheint automatisch). Die Wörter aus dem Wortspeicher auf Seite 16 kannst du nutzen.

Die Brück' am Tay

Die Ballade „Die Brück' am Tay" beruht auf einem Unglück, das sich tatsächlich ereignet hat: Am 28.12.1879 stürzte in Schottland die neu erbaute, über 3000 m lange Brücke über den Fluss Tay im Sturm ein. 75 Menschen starben. Theodor Fontane veröffentlichte seine Ballade darüber kurz darauf.

1 Lies die Ballade „Die Brück' am Tay" von Theodor Fontane auf Seite 19. Markiere dabei Stellen, die dir wichtig erscheinen, um die Geschichte zu verstehen.

2 Vervollständige die Angaben zur Ballade.

Titel: „Die Brück' am Tay"

Autor:

Textsorte:

Erscheinungsjahr:

Thema:

Strophe 1: Drei Naturgeister besprechen, wann sie sich treffen, um einen Sturm zu veranstalten. Sie wollen als Winde aus verschiedenen Himmelsrichtungen kommen. Dabei soll ein unnützes Gebilde, das von Menschen gebaut wurde ( ), um Uhr zerstört werden.

Strophe 2: Auf der Nordseite steht das Brückenhaus. Die warten auf

Strophe 3: Der Brückner redet mit seiner Frau darüber, dass mit dem herannahenden Zug zum Weihnachtsfest kommt.

Strophe 4: Der Zug befindet sich am Südturm und kämpft gegen den Sturm. Johnie ist sich sicher, dass

Strophe 5: Johnie denkt an die Zeiten zurück, als es die Brücke noch nicht gab und er

Strophe 6: Johnies Eltern bangen weiterhin darum, dass . Allerdings trifft den Zug ein Blitz und

Strophe 7: Die Ballade endet damit, dass

Die Brück' am Tay (1880)

Theodor Fontane

„Wann treffen wir drei wieder zusamm?" **1**
„Um die siebente Stund', am Brückendamm."
„Am Mittelpfeiler."
„Ich lösch die Flamm'."
„Ich mit."
„Ich komme vom Norden her."
„Und ich vom Süden."
„Und ich vom Meer."
„Hei, das gibt ein Ringelreihn,
Und die Brücke muss in den Grund hinein."
„Und der Zug, der in die Brücke tritt
Um die siebente Stund'?"
„Ei, der muss mit."
„Muss mit."
„Tand, Tand
Ist das Gebilde von Menschenhand!"

Auf der Norderseite, das Brückenhaus – **2**
Alle Fenster sehen nach Süden aus,
Und die Brücknersleut', ohne Rast und Ruh
Und in Bangen sehen nach Süden zu,
Sehen und warten, ob nicht ein Licht
Über's Wasser hin „Ich komme" spricht,
„Ich komme, trotz Nacht und Sturmesflug,
Ich, der Edinburger Zug."

Und der Brückner jetzt: „Ich seh' einen Schein **3**
Am anderen Ufer. Das muss er sein.
Nun Mutter, weg mit dem bangen Traum,
Unser Johnie kommt und will seinen Baum,
Und was noch am Baume von Lichtern ist,
Zünd' alles an wie zum heiligen Christ,
Der will heuer zweimal mit uns sein, –
Und in elf Minuten ist er herein."

Und es war der Zug. Am Süderturm **4**
Keucht er vorbei jetzt gegen den Sturm,
Und Johnie spricht: „Die Brücke noch!
Aber was tut es, wir zwingen es doch.
Ein fester Kessel, ein doppelter Dampf,
Die bleiben Sieger in solchem Kampf,
Und wie's auch rast und ringt und rennt,
Wir kriegen es unter: das Element.

Und unser Stolz ist unsre Brück'; **5**
Ich lache, denk ich an früher zurück,
An all den Jammer und all die Not
Mit dem elend alten Schifferboot;
Wie manche liebe Christfestnacht
Hab ich im Fährhaus zugebracht
Und sah unsrer Fenster lichten Schein
Und zählte und konnte nicht drüben sein."

Auf der Norderseite, das Brückenhaus – **6**
Alle Fenster sehen nach Süden aus,
Und die Brücknersleut' ohne Rast und Ruh
Und in Bangen sehen nach Süden zu;
Denn wütender wurde der Winde Spiel,
Und jetzt, als ob Feuer vom Himmel fiel',
Erglüht es in niederschießender Pracht
Überm Wasser unten ... Und wieder ist Nacht.

„Wann treffen wir drei wieder zusamm?" **7**
„Um Mitternacht, am Bergeskamm."
„Auf dem hohen Moor, am Erlenstamm."
„Ich komme."
„Ich mit."
„Ich nenn euch die Zahl."
„Und ich die Namen."
„Und ich die Qual."
„Hei!
Wie Splitter brach das Gebälk entzwei."
„Tand, Tand
Ist das Gebilde von Menschenhand."

Video: WES-121577-002

Merkkasten

Balladen vereinen die **Merkmale** von drei verschiedenen Textgattungen:
- Wie in **Erzähltexten** (Epik) werden in Balladen **spannende Geschichten** erzählt, die auf einen **Höhepunkt** zusteuern.
- Wie **Gedichte** (Lyrik) haben Balladen oft **Strophen** und **Verse** und **reimen** sich auch.
- Wie in **Theaterstücken** (Dramatik) gibt es in Balladen häufig **wörtliche Rede** bzw. **Dialoge**.

3 Lies den Merkkasten zu Balladen. Weise die Merkmale an der Ballade „Die Brück' am Tay" nach:

a) Wo ist der Höhepunkt der Geschichte erreicht? In Strophe:
Notiere Stichwörter, wie die Spannung bis dahin aufgebaut wird.

______

______

______

b) Welche Gedichtmerkmale erkennst du? ______

c) Finde ein Beispiel für ein Theaterstückmerkmal und unterstreiche die Textstelle auf Seite 19.

4 a) In der Ballade wechseln oft die Sprecher (wörtliche Rede). Lies die Ballade noch einmal. Achte dabei darauf, wer jeweils spricht, und notiere es in der Tabelle. Ein Beispiel ist vorgegeben.

Vers	Sprecher
1–16	die Naturgeister
25–32	
35–48	
57–68	

b) Welche Wirkung hat der Einsatz der wörtlichen Rede auf die Leserinnen und Leser? Kreuze an.

☐ Man fühlt sich während des Lesens entspannt.
☐ Man fühlt sich in die Lage der Figuren versetzt und dies erzeugt Spannung.
☐ Man hat den Eindruck, einen sachlichen Bericht zu lesen.

5 Wie stehen die Figuren zu der neuen Brücke? Kreuze an und schreibe zur Begründung die Zeilenangaben einer passenden Textstelle auf.

a) Die Naturgeister
☐ freuen sich über die Brücke.
☐ beachten die Brücke gar nicht.
☐ machen sich über die Brücke lustig und wollen sie vernichten.

Das erkennt man an dieser Textstelle: ______

b) Der Lokführer Johnie
- ☐ freut sich über die Brücke.
- ☐ beachtet die Brücke gar nicht.
- ☐ macht sich über die Brücke lustig.

Das erkennt man an dieser Textstelle: ______________________________

Merkkasten

Um anschaulich und lebendig zu schreiben, nutzen Autorinnen und Autoren **sprachliche Mittel**.
Mit **Personifikationen** werden Tieren oder Dingen menschliche Eigenschaften zugeschrieben: ***Die Sonne lacht.***
Einen **Vergleich** erkennst du an den Vergleichswörtern ***wie*** und ***als: Du strahlst ja heute wie die Sonne.***
Leni ist größer als ihre Mutter.

6 Der Autor Theodor Fontane verwendet in der Ballade sprachliche Mittel. Ergänze die Tabelle, indem du die sprachlichen Mittel bestimmst. Die Hinweise im Merkkasten helfen dir.

Vers	Sprachliches Mittel	Zitat
18	Personifikation	„Alle Fenster sehen nach Süden aus."
21–22		„ob nicht ein Licht / Über's Wasser […] spricht […]."
30		„Zünd' alles an wie zum heiligen Christ."
34		„Keucht er vorbei jetzt gegen den Sturm"
37–38		„[…] Kessel, […] Dampf […] bleiben Sieger […]"
53		„Denn wütender wurde der Winde Spiel"

7 Fasse deine Beobachtungen zur Ballade „Die Brück' am Tay" zusammen, indem du den folgenden Text vervollständigst.

Theodor Fontane beschreibt in seiner Ballade „Die Brück' am Tay" aus dem Jahr ______, wie ______, die einen Zug mit sich in die Tiefe reißt.
In der Ballade gibt es mehrere Sprecher. Durch das Balladenmerkmal ______, das es auch in ______ gibt, wird die Handlung somit sehr lebendig erzählt.
Um den Lesern ein anschauliches Bild der Katastrophe vor Augen zu führen, setzt Fontane unter anderem ______ und Vergleiche ein. Diese lassen z. B. den Sturm als Personen erscheinen, was ihn noch bedrohlicher macht. Ein Beispiel dafür findet sich in Vers 53: „______"
Hier bekommt man das Gefühl, dass der Sturm ein Mensch ist, der sehr ärgerlich ist.

Nis Randers

1 Lies die Ballade „Nis Randers“ von Otto Ernst und fasse den Inhalt jeder Strophe in einem Satz zusammen. Schreibe in dein Heft.

2 Beantworte die folgenden Fragen in deinem Heft:
a) Warum möchte Nis’ Mutter nicht, dass Nis den Rettungsversuch unternimmt?
b) Aus welchem Grund fährt Nis dennoch los?
c) Welche Überraschung gibt es am Ende der Ballade?

3 a) Markiere im Text: Personifikationen | Höhepunkt der Geschichte | dramatisches Merkmal (Theatertext)

b) Welche Gedichtmerkmale erkennst du? ______________________________

4 Fasse deine Beobachtungen aus Aufgabe 3 in einem kurzen Text zusammen. Denke auch an eine Einleitung. Am Text auf Seite 21 unten kannst du dich orientieren.

Nis Randers (1901)

Otto Ernst

Krachen und Heulen und *berstende* Nacht, 1
Dunkel und Flammen in rasender Jagd –
Ein Schrei durch die Brandung!

Und brennt der Himmel, so sieht man’s gut. 2
Ein *Wrack* auf der Sandbank! Noch wiegt es die Flut;
Gleich holt sich’s der Abgrund.

Nis Randers lugt – und ohne Hast 3
Spricht er: „Da hängt noch ein Mann im Mast;
Wir müssen ihn holen.“

Da fasst ihn die Mutter: „Du steigst mir nicht ein: 4
Dich will ich behalten, du bliebst mir allein,
Ich will’s, deine Mutter!

Dein Vater ging unter und Momme, mein Sohn; 5
Drei Jahre verschollen ist Uwe schon,
Mein Uwe, mein Uwe!“

Nis tritt auf die Brücke. Die Mutter ihm nach! 6
Er weist nach dem Wrack und spricht gemach:
„Und seine Mutter?“

Nun springt er ins Boot und mit ihm noch sechs: 7
Hohes, hartes *Friesengewächs*;
Schon sausen die Ruder.

Boot oben, Boot unten, ein Höllentanz! 8
Nun muss es zerschmettern ...! Nein, es blieb ganz! ...
Wie lange? Wie lange?

Mit feurigen *Geißeln* peitscht das Meer 9
Die menschenfressenden *Rosse* daher;
Sie schnauben und schäumen.

Wie hechelnde Hast sie zusammenzwingt! 10
Eins auf den Nacken des andern springt
Mit stampfenden Hufen!

Drei Wetter zusammen! Nun brennt die Welt! 11
Was da? – Ein Boot, das landwärts hält –
Sie sind es! Sie kommen! – –

Und Auge und Ohr ins Dunkel gespannt ... 12
Still – ruft da nicht einer? – Er schreit’s durch die Hand:
„Sagt Mutter, ’s ist Uwe!“

Worterklärungen

berstend: auseinanderbrechend
Wrack: beschädigtes Schiff
Friesengewächs: hier: mutige Männer aus Friesland
Geißeln: Peitschen
Rosse: Pferde; hier sind damit die Wellen gemeint.

Das Schiff Esperanza

1 Der Textauszug auf Seite 25 stammt aus dem Hörspiel „Das Schiff Esperanza". „Esperanza" ist Spanisch und heißt auf Deutsch „Hoffnung". Stelle Vermutungen an, worum es in dem Hörspiel gehen könnte, und notiere sie.

____

____

____

Merkkasten

Dialogische Texte kommen in **Theaterstücken** oder **Hörspielen** vor. Du erkennst sie meist daran, dass erst der Name der sprechenden Person genannt wird und dann eine Art wörtliche Rede folgt. Diese wird aber nicht gekennzeichnet. Alle zusätzlichen Informationen, die man benötigt, um die Handlung zu verstehen, sind in Schrägschrift und Klammern eingefügt. Diese Ergänzungen nennt man **Regieanweisungen**. Sie helfen beim Spielen bzw. Sprechen der Texte.

2
a) Lies den Merkkasten.
b) Lies dann den Textauszug auf Seite 25 und unterstreiche unbekannte Wörter. Schlage diese im Internet oder Wörterbuch nach. Du kannst auch einen Erwachsenen fragen.

3 Beantworte die folgenden Fragen zum Textauszug:

a) Wo befinden sich Podbiak und Krucha? Woran hast du das erkannt?

____

____

b) Warum weckt Krucha Podbiak?

____

____

c) Was erfährst du über Podbiak? Ergänze den Lückentext mit Wörtern aus dem Wortspeicher.

Podbiak holt Flüchtlinge an Bord der ____________. Er verspricht, sie nach ____________ zu bringen. Mit einem kleinen Boot fährt er sie auf das ____________ hinaus. Dort setzt er sie aus und sagt ihnen, dass der ____________ nicht weit ist und sie dorthin ____________ können. Tatsächlich befinden sie sich aber auf ____________ und sterben dort. Jedes Mal bekommt Podbiak dafür ____________ von einem Mann namens ____________.

offener See | Esperanza | Meer | Amerika | schwimmen | 50 Dollar | Bengtsen | Strand

d) Woran kann man erkennen, dass Krucha nicht ehrlich mit Podbiak umgeht? Schreibe die Textstellen mit Zeilenangaben und kurzen Begründungen auf. Berücksichtige auch die Regieanweisungen.

e) Wovor hat Podbiak Angst? Kreuze an.

- ☐ Podbiak hat Angst vor den Grenzwachen.
- ☐ Podbiak hat Angst, dass die Flüchtlinge ihn ins Meer stoßen und mit dem Boot weiterfahren.
- ☐ Podbiak hat Angst, dass Bengtsen ihm kein Geld mehr gibt.

f) Wie begründet Podbiak seine Angst? Schreibe diese Textstelle auf.

g) Was hat Krucha wohl vor? Warum will er genau wissen, was Podbiak mit den Flüchtlingen macht?

Das Schiff Esperanza

Fred von Hoerschelmann

(Akustikwechsel, leises Dröhnen der Schiffsmaschinen. Enger Raum. Schnarchen.)

PODBIAK *(murmelt ängstlich)*. … lass mich in Ruhe … lass mich in Ruh …

KRUCHA. Sei still, Podbiak.

PODBIAK. Sieben auf einen …! Sieben, alle auf einen! Nicht – nicht – nicht – nicht –

KRUCHA. Wirst du ruhig sein, Podbiak, dummer Kerl …

PODBIAK *(schreit)*. Aaa –!

KRUCHA. Wach auf!

PODBIAK *(halbwach, schnell)*. Was ist, was ist … Krucha, du? Ach so.

KRUCHA. Du hast geträumt.

PODBIAK. Kann mich nicht erinnern. Geträumt … kann sein.

KRUCHA. Laut geschrien hast du.

PODBIAK. So? Was habe ich gesagt?

KRUCHA. Nichts Besonderes. Nur so … Du wirst schon wissen.

PODBIAK. Nein. Ich weiß gar nichts.

KRUCHA. Die anderen haben nichts gehört. Die schlafen.

PODBIAK. Dann ist gut.

KRUCHA. Aber ich habe gehört. Du hast alles erzählt im Schlaf.

PODBIAK *(erschrocken)*. Ist nicht wahr!

KRUCHA *(lügt)*. So wahr ich lebe! Alles.

PODBIAK. Ich habe durcheinander geredet, oder –? Hab ich von den Leuten gesprochen, den fünf?

KRUCHA *(pfiffig)*. Ja. Von den fünf.

PODBIAK. Diesmal sind es sieben.

KRUCHA *(nachdenkend)*. Das sind die … die sieben Leute, die du an Bord gebracht hast. Und die du dann nachts wieder wegbringst.

PODBIAK. Voriges Mal waren es fünf.

KRUCHA. In der *Barkasse*, nachts, ja?

PODBIAK. Ja.

KRUCHA. Mir kannst du alles erzählen, ich sag's niemand. Wie viel bekommst du jedes Mal?

PODBIAK. Fünfzig Dollar.

KRUCHA *(pfeift)*.

PODBIAK. Aber ich bin zu alt für so was. […]

KRUCHA. Hast du Angst?

PODBIAK. Was glaubst du? Fünf Kerle, alle jünger und kräftiger als ich.

KRUCHA. Hast du Angst, dass die Grenzwache dich erwischt?

PODBIAK. Nein.

KRUCHA. Wenn du sie an Land bringst.

PODBIAK. Nein.

KRUCHA. Oder bringst du sie vielleicht gar nicht an Land?

PODBIAK. Nein. […]

KRUCHA. Was machst du denn mit ihnen?

PODBIAK. Also ganz einfach. Das Schiff hält. Die Lichter sind aus. Die steigen zu mir in die Barkasse, neulich waren es fünf. Ich sage: „… jetzt sind wir gleich angekommen in Amerika", und fahre sie eine Weile. Dann sag ich: „Jetzt sind nur noch zehn Meter bis zum Stand, das letzte Stückchen müsst ihr schwimmen, weiter fahre ich nicht." Und die sind so gierig, an Land zu kommen, die lassen sich alle fünf ins Wasser und schwimmen los. Und ich fahre zurück, in der Barkasse zur Esperanza. Und die schwimmen zehn Meter, und zwanzig, und schwimmen und schwimmen … Die merken erst viel später, dass sie mitten auf hoher See sind und überhaupt kein Strand weit und breit. Wie lange kann man so schwimmen? Außerdem in Kleidern?

KRUCHA. So macht ihr das also. Und wovor hast du Angst?

PODBIAK. Junge starke Kerle. Wenn ich sage, letztes Stück könnt ihr gefälligst schwimmen, dann haben die vielleicht keine Lust? Die können mich einfach nehmen und ins Wasser schmeißen und selber weiterfahren mit der Barkasse. Ich bin zu alt für so was. Verstehst du?

KRUCHA. Und mit wem machst du das aus? Bengtsen?

PODBIAK. Ja.

KRUCHA. Fünfzig Dollar? Von Bengtsen?

PODBIAK. Ja. Aber lieber würde ich es nicht machen. Ich bin zu alt.

KRUCHA. Schlaf jetzt.

PODBIAK. Aber du wirst niemand sagen … dass ich darüber geredet hab …

KRUCHA. Sei still. Stör mich nicht. Ich muss nachdenken.

Worterklärung

Barkasse: Beiboot eines Schiffes

Die Mutprobe

1 Schau dir das Cover des Jugendbuchs „Die Mutprobe“ von Carolin Philipps an. Worum könnte es in dem Buch gehen? Notiere deine Vermutungen.

______

______

______

2 Lies den Auszug aus dem Jugendbuch „Die Mutprobe“ auf Seite 27.

3 Beantworte die folgenden Fragen zum Text und notiere auch die Zeilen, in denen du die jeweiligen Informationen gefunden hast.

a) Woran kann man erkennen, dass Kristina sich vor dem Schulweg fürchtet?

______

______

b) Warum ist es ihr wichtig, nicht zu spät in die Schule zu kommen?

______

______

c) Woran wird deutlich, dass Kristina gern mit den anderen Kindern auf der Straße spielen würde?

______

______

d) Warum darf Kristina die Wohnung nicht verlassen?

______

______

______

e) Warum arbeitet Kristinas Mutter so viel, obwohl das bedeutet, dass Kristina dann ständig allein ist?

______

______

f) Wird sich Kristina weiterhin an den Wunsch der Mutter halten und in der Wohnung bleiben? Stelle Vermutungen an und begründe sie. Lies deine Notizen aus Aufgabe 1 und denke an den Buchtitel.

Die Mutprobe

Carolin Philipps

Draußen war es noch dunkel. Kristina spähte nach allen Seiten. Sie machte drei Schritte, dann lief sie zurück in den Schutz der Haustür. Eine Katze schlich vorbei. Kristina zuckte zusammen. Wenn sie bloß das Reizgas dabeihätte, dann würde sie sich jetzt sicherer fühlen. Sie ärgerte sich über sich selber. Eigentlich war sie kein ängstlicher Typ, aber was sie in den letzten Tagen erlebt hatte, ließ sie vorsichtig werden.
Fünf Minuten vor acht. Sie würde schon wieder zu spät kommen und ihr Lehrer hatte gedroht, beim nächsten Mal sofort ihre Mutter anzurufen. Kristina biss die Zähne zusammen und rannte los.
An diesem Morgen hatte sie Glück. Es regnete in Strömen und so kam sie, ohne aufgehalten zu werden, bis zur Schule. Der Lehrer hatte sich ebenfalls verspätet, sodass es nicht weiter auffiel, dass sie mal wieder unpünktlich war. Auch mittags nach der Schule gelangte sie ohne Probleme nach Hause.
Nach dem Essen saß Kristina wie so oft auf ihrem Fensterplatz, ihre Ratte Sina auf dem Schoß, und schaute auf die Straße. Draußen spielten die Kinder. Sie konnte sie durch ihr Fernglas beobachten. Wie gerne wäre sie jetzt dort unten gewesen und hätte mitgespielt.
Aber draußen spielen durfte sie schon lange nicht mehr. Seit dem Tag, an dem in der Zeitung ein langer Artikel über dieses Viertel erschienen war.
Der Reporter schrieb, wie dreckig und verschmiert die Straßen und Häuser aussähen. Und dass die Geschäftsleute sich darüber beklagten, dass so viele Kinder und Jugendliche klauten. Abends wäre man auf den Straßen nicht mehr sicher. Kristina wusste nicht mehr genau, was dort noch alles gestanden hatte. Sie wusste nur, dass ihre Mutter den Artikel Wort für Wort gelesen hatte und ihre Augen immer größer geworden waren.
Am nächsten Morgen schon hatte Kristinas Mutter eine weitere Schicht übernommen. So schnell wie möglich wollte sie genug Geld für eine Wohnung in einem anderen Viertel verdienen.
Kristina wusste, die Mutter tat alles nur für sie, aber sie wünschte sich, sie hätte wie früher mehr Zeit für sie gehabt. Selbst wenn sie jetzt da war, war sie immer gereizt und Kristina konnte ihr noch nicht einmal böse deswegen sein. Sie sah ja selber, wie müde die Mutter war.
Und weil sie das alles wusste, tat sie, was die Mutter von ihr erwartete: Sie blieb zu Hause.
Anfangs hatte es ihr noch nicht so viel ausgemacht. Es regnete viel und sie probierte stundenlang Computerspiele aus, die ihre Mutter ihr mitbrachte. Niemand besaß so viele Spiele wie sie.
Aber immer öfter wanderte ihr Blick vom Computer zum Fenster. Die Sonne schien und sie konnte das Schreien und Lachen der Kinder draußen hören. Sie fühlte sich wie eine Gefangene. Es machte ihr keinen Spaß mehr, Autorennen zu fahren oder Geheimnisse in irgendwelchen dunklen Gängen zu erforschen.
Sie saß am Fenster und schaute hinunter, dorthin, wo die anderen waren.*

* Text verändert

Rausgekickt!

1 Der Jugendbuchauszug auf Seite 29 trägt den Titel „Rausgekickt! Da waren's nur noch zehn". Worum könnte es in dem Buch gehen? Notiere deine Vermutungen.

___

___

___

2 Lies den Textauszug und unterstreiche unbekannte Wörter. Schlage diese im Internet oder Wörterbuch nach. Du kannst auch einen Erwachsenen fragen.

3 Aus welcher Perspektive wird die Geschichte erzählt (ab Zeile 11)? Kreuze an.

☐ Er-/Sie-Erzähler ☐ Ich-Erzähler

4 a) Markiere im Text alle Informationen über Josh gelb.

b) Welche Aussage trifft am ehesten auf Josh zu? Kreuze sie an.

☐ Er ist ein verschlafener Junge, der am liebsten Fußball-Videospiele spielt.
☐ Er ist ein Bücherwurm, der in seiner Freizeit aber auch gern Fußball spielt.
☐ Er ist ein ausgezeichneter Fußballer, kann gut Englisch und hat einen eigenen YouTube-Kanal.
☐ Er ist ein großer Fußballfan, der Probleme mit der englischen Sprache hat.

5 Welchen Job hat Craig? ___

6 Woran kann man erkennen, dass es sich bei dem Fußballcamp um ein Elite-Sportcamp handelt, dessen Veranstalter viel Geld hat?

a) Markiere passende Stellen im Text grün.

b) Schreibe die Informationen stichwortartig auf und gib die jeweiligen Zeilennummern an.

___

___

___

___

___

___

7 Würdest du auch gern die Sommerferien in solch einem Elite-Sportcamp verbringen? Begründe.

Rausgekickt! Da waren's nur noch zehn

Julien Wolff

Der 15-jährige Josh spielt leidenschaftlich gern Fußball und hat sogar einen sehr erfolgreichen Fußball-YouTube-Channel. Als er erfährt, dass er die Sommerferien in einem Elite-Fußballcamp in Kalifornien verbringen darf, wird für ihn ein Traum wahr. Und im Flugzeug sitzt er auf dem Weg dorthin wegen eines Upgrades sogar in der ersten Klasse. Allerdings ahnt Josh da noch nicht, dass der Trip in die USA eine unerwartete Wendung nehmen wird, weil sein Kumpel Terry plötzlich verschwindet.

Nach zwölf Stunden Flug, die ich mit dem Anschauen der Champions-League-Finals der vergangenen Jahre ziemlich gut rumbekommen habe, betrete ich die Ankunftshalle des Flughafens. Den Airport hier habe ich mir irgendwie moderner vorgestellt. Es gibt zwar einen Starbucks und freies WLAN, aber das Terminal selbst ist voll angeranzt.
Ich ziehe meinen Koffer vom Gepäckband und entdecke am Ausgang sofort einen schwarzhaarigen Mann im dunkelblauen Trainingsanzug mit eingesticktem Camp-Logo und einem Schild in den Händen. Als ich auf ihn zugehe, lächelt er und streckt mir die Hand entgegen.
„Du musst Josh sein. Hi, ich bin Craig, euer Teammanager im Camp. Herzlich willkommen in Kalifornien."
Craig ist braun gebrannt und wirkt in seinen weißen Sneakern total jung und sympathisch, er dürfte nicht älter als 25 sein. Sein Englisch klingt so krass amerikanisch, er lässt zwischen den Wörtern kaum eine Pause. Doch ich verstehe ihn echt gut – YouTube sei Dank! Dort sehe ich mir immer die Videos großer US-Channels an, schließlich muss ich ja wissen, was die Konkurrenz so macht. Das hat mir echt geholfen, den Ami-Slang besser zu verstehen.
Craig fragt mich, ob ich einen guten Flug hatte, und reicht mir eine Plastikflasche mit Wasser und einen Proteinriegel. „Für den ersten Hunger und Durst. Ich fahre dich jetzt in eure Unterkunft, dort wirst du die anderen Camp-Teilnehmer kennenlernen. Wir haben für euch am Abend ein tolles Barbecue geplant, da kannst du dich schon drauf freuen. Ich mache die besten Steaks der Westküste." Craig klopft sich auf die Schulter, formt mit den Fingern ein Perfekt-Zeichen. „Für die würde ich alles tun." Wir lachen.
„Wo werden wir Spieler denn eigentlich wohnen?", frage ich ihn. In den Unterlagen ist lediglich von einer *hochmodernen Unterkunft* die Rede, und ich habe schon auf dem Flug überlegt, ob es sich wohl um ein Hotel, ein Apartment oder eine Art Sportinternat handelt.
„Lass dich überraschen!", sagt Craig, als wir über den mit Palmen gesäumten Platz vor dem Terminal ins Parkhaus gehen. Es ist brütend heiß [...]. Plötzlich höre ich ein Piepen und sehe, wie die Lichter eines riesigen weißen Geländewagens vor uns blinken. Craig hat ihn per Klick bereits aus der Ferne geöffnet, hebt meinen silbernen Metallkoffer in den Kofferraum und deutet auf die Beifahrertür. „Let's go!"
Ich muss mich richtig auf den Ledersitz hieven, so hoch ist das Auto.
Was für ein abgefahrener Schlitten, Mann!
Craig startet den Motor, die Klimaanlage pustet mir angenehm kühle Luft entgegen und aus dem Bose-Soundsystem ballert Tygas Hit „Taste". Der Beat dröhnt dermaßen, dass die Armaturen vibrieren. Craig dreht über einen Schalter an seinem Lenkrad die Musik leiser, als wir vom Flughafengelände rollen.
„Ich hoffe, du magst Hip-Hop."
„Klar!", antworte ich wie aus der Pistole geschossen.
„Gut. Denn hier in Kalifornien hören wir fast nur Rap", sagt Craig, nickt mit dem Kopf und lacht.
Wir fahren auf einen riesigen Highway mit zehn Fahrspuren, die Sonne strahlt, und in der Ferne sehe ich riesige Hochhäuser in den Himmel ragen.

Erdbeben

Video: WES-121577-003

1 Lies den Merkkasten zum Lesen und Verstehen von Sachtexten.

Merkkasten

Um **Sachtexte** leichter zu verstehen, gehe in folgenden Schritten vor:
1. Schau dir die **Überschrift** an und überlege: Worum könnte es in diesem Text gehen?
2. Wenn es **Bilder** oder **Illustrationen** gibt: Schau sie dir ebenfalls an. Was haben sie mit dem Text zu tun?
3. Lies nun den Text gründlich. **Markiere** dabei **Textstellen**, die du wichtig findest.
4. **Unterstreiche Wörter**, die du nicht verstehst. Frage jemanden oder schlage im Wörterbuch nach.
5. Finde für jeden Absatz eine **Zwischenüberschrift** und schreibe sie darüber oder an den Rand.

2 Lies den Sachtext „Wie entstehen Erdbeben?“ auf Seite 31 und wende die Schritte aus dem Merkkasten an. Im Wortspeicher findest du Vorschläge für Zwischenüberschriften (Schritt 5). Du kannst aber auch eigene Zwischenüberschriften formulieren.

Entstehung der gewaltigen Kräfte von Erdbeben | Erdbeben an den Bruchzonen | Schwere Erdbeben richten große Zerstörungen an

3 Beantworte die folgenden Fragen zum Text.

a) Was geschah am 25. April 2015 in Nepal?

____

b) Warum war es schwer, den Opfern zu helfen?

____

c) Wie viele Menschen verloren bei dem Erdbeben in etwa ihr Leben?

____

d) Wie nennt man das langsame Wandern der Erdplatten?

____

e) Erkläre mit eigenen Worten, wie ein Erdbeben entsteht.

____

____

____

____

f) Was passiert, wenn sich zwei Erdplatten voneinander wegbewegen?

___

___

___

g) Wie lang ist der Mittelozeanische Rücken, der Gebirgszug unter der Meeresoberfläche?

___

Wenn die Erde bebt

Wenn die Erde bebt, können die Folgen fatal sein: Häuser, Brücken, ganze Dörfer und Städte werden zerstört und die Wasser- und Stromversorgung ist unterbrochen. In Nepal ereignete sich am 25. April 2015 eine solche Katastrophe. Das Land wurde vom schwersten Erdbeben seit 80 Jahren heimgesucht, auf der Richterskala wurde eine Stärke von 7,8 gemessen. Unzählige Menschen starben, auch weil Nepal sehr bergig ist und es daher für die Helferinnen und Helfer schwierig war, die betroffenen Regionen zu erreichen. Zudem kam es immer wieder zu Nachbeben. Bis zum 10. Mai waren knapp 8.000 Menschen tot geborgen worden.

Im Inneren der Erde befindet sich der Erdkern, welcher vom Erdmantel umgeben ist. Die oberste dünne Schicht über dem Erdmantel ist die Erdkruste. Diese wiederum besteht aus mehreren einzelnen Teilen, den sogenannten Erdplatten. Die Platten der Erdkruste treiben auf einem heißen, zähflüssigen Gesteinsbrei umher und werden dabei von Bewegungen im Erdinneren angetrieben. Allerdings legen die Erdplatten keine großen Strecken zurück, oft wandern sie nur wenige Zentimeter im Jahr. Diese Bewegungen der Erdplatten heißen Plattentektonik. An den Stellen der Erdkruste, wo die Platten aneinandergrenzen, wirken enorme Kräfte und es entstehen Spannungen. Wenn die Erdkruste dem nicht mehr standhalten kann, entladen sich die Spannungen mit einem gewaltigen Ruck im Inneren der Erde. Diese Kraft breitet sich daraufhin in Windeseile wellenförmig aus und erreicht so die Erdoberfläche, das heißt den Meeres- oder Erdboden.

Stellen, an denen Erdbeben entstehen, nennt man Bruchzonen. Bei ihren Wanderungen können sich die Erdplatten beispielweise aufeinander zubewegen. Entweder falten sich dann die Plattenränder auf oder die schwerere der beiden Platten schiebt sich unter die leichtere. Wo sich zwei Platten voneinander wegbewegen, tritt in der Bruchzone heiße, flüssige Lava aus und es entsteht neue Erdkruste. So ist beispielsweise der 70.000 Kilometer lange Mittelozeanische Rücken entstanden. Dabei handelt es ich um einen fast die ganze Erde umspannenden Gebirgszug unter der Meeresoberfläche. Erdplatten können auch aneinander vorbeidriften. Dann besteht die Gefahr, dass sich die unregelmäßig geformten Plattenkanten verhaken, wodurch Spannungen aufgebaut werden. Eine solche Stelle ist der San-Andreas-Graben in Mexiko und Kalifornien, der über 1.000 Kilometer lang ist. Bruchzonen müssen aber nicht unbedingt an Plattenrändern liegen. Manchmal reißt auch eine geschlossene Platte auf.

Klimafreundliche Ernährung

1 a) Schau dir das folgende Diagramm an und verschaffe dir einen ersten Überblick.

b) Um welches Thema geht es in dem Diagramm? Kreuze an.

Es geht um …

- ☐ die Menge an Wasser in unserem Essen.
- ☐ die Menge an CO_2, die die Herstellung unseres Essens verursacht.
- ☐ die Menge an Schweinefleisch, die jeder Mensch täglich zu sich nimmt.

Wie viel CO_2 in unserem Speiseplan steckt

Jeder von uns verursacht durchschnittlich 2.000 Kilogramm CO_2 und andere klimaschädliche Gase im Jahr. Nur durch Essen!

Grafik von Katja Wegener, aus GEOlino Extra 2022

2 Mache dir Notizen zum Diagramm:

Überschrift: ______________________________

Art des Diagramms: ______________________________

Quelle und Jahr: ______________________________

3 Welche Aussagen treffen zu? Kreuze sie an.

- ☐ Mit 3,2 % nehmen Fische und Fischerzeugnisse einen großen Anteil der jährlichen CO_2-Produktion in Deutschland ein.
- ☐ Bei der Herstellung von Fleisch und Fleischerzeugnissen entsteht mit 40,7 % die größte Menge an CO_2.
- ☐ Obst sollten wir nicht mehr essen, da es mit einem sehr hohen Anteil von 6,2 % zur Produktion von CO_2 durch Nahrungsmittel beiträgt.
- ☐ Auf Platz 3 der klimaschädlichen Lebensmittel steht Getreide.
- ☐ Bei der Herstellung von Eiern und Eierwaren entsteht mit 1,3 % nur wenig CO_2.

4 Warum entsteht bei der Herstellung von Milch und Milchprodukten viel CO_2? Schreibe eine Begründung auf.

____

____

5 Ergänze den Text mit den korrekten Angaben aus dem Diagramm.

Bei der Herstellung von ______________________ wird eine große Menge an ______________ produziert. Tatsächlich verursacht so jeder ______________________ ______________ kg CO_2 und andere ______________________ pro Jahr. In Deutschland geht fast die Hälfte des schädlichen CO_2, das bei der Herstellung von Nahrungsmitteln entsteht, auf die ______________________ zurück. Deutlich niedriger, aber immer noch relativ hoch, ist mit 23,6 % der CO_2-Ausstoß bei der Herstellung von ______________________. Das liegt daran, dass man für die Herstellung von Milch und Milchprodukten ______________ benötigt, deren Aufzucht eben auch viel ______________ verursacht. Im Vergleich dazu ist der deutschlandweite CO_2-Ausstoß bei der Herstellung von ______________, ______________, ______________, ______________ und ______________ mit deutlich unter 5 % gering.

6 Formuliere zwei Tipps für eine klimafreundliche Ernährung.

____

____

BMX-Rennen

1 Lies den Text und wende die Schritte aus dem Merkkasten auf Seite 30 an.

Sportsteckbrief: BMX-Rennen

Annika Sartor

[…] In den 1960er- und 1970er-Jahren trugen Jugendliche in den USA erste Kopf-an-Kopf-Rennen auf 400 Meter langen Sandpisten aus. Allerdings waren ihre Räder nicht robust genug dafür. Wenig später entwickelte man stabilere Rahmen mit niedrigem Sattel – BMX-Räder. Auf den Rennbahnen gab es nach und nach schwierigere Hindernisse, Kurven und Starthügel. 1982 fand in Westdeutschland die erste Meisterschaft im BMX-Rennsport statt. Seit dem Jahr 2008 ist das sogenannte „BMX Race" auch bei den Olympischen Spielen vertreten. […]

Bei den Wettkämpfen zählt vor allem Schnelligkeit, denn wer als Erster durchs Ziel rast, gewinnt. Immer acht Rennfahrerinnen und -fahrer starten zeitgleich. Anschließend sausen sie durch einen 400 Meter langen Parcours mit steilen Kurven und Hindernissen. […]

Man braucht vor allem: ein BMX-Rad! Selbst bei einem Mountainbike ist der Sattel noch viel zu hoch, und man könnte leicht über den Lenker geschleudert werden. Zur Ausrüstung gehören auch Helm und Schutzkleidung. Zudem müssen Fahrerinnen und Fahrer Ausdauer und Mut mitbringen: Das schnelle Treten ist anstrengend, die Hindernisse und Überholmanöver sind riskant. […]

Mehr Informationen über den Sport lest ihr auf www.bmx-racing.de. Auf der Startseite findet ihr außerdem einen Link, unter dem alle Vereine aufgelistet sind. Einen Überblick über alle BMX-Rennstrecken gibt es unter: https//worldofbmx.com/tracks/de.*

* Text verändert

2 Beantworte die folgenden Fragen zum Text in deinem Heft. Formuliere dabei vollständige Sätze.

a) Wann und wo fanden die ersten BMX-Rennen statt?

b) Wie heißen die BMX-Rennen bei den Olympischen Spielen?

c) Wie viele Rennfahrerinnen und -fahrer starten bei BMX-Rennen gleichzeitig?

d) Wie lang ist der Parcours?

e) Was benötigt man, um den BMX-Sport ausüben zu können?

f) Wo kannst du nachschauen, wenn du einen BMX-Verein suchst?

Video: WES-121577-004

Merkkasten

Die folgenden Regeln und Strategien kennst du bereits. Hier kannst du sie wiederholen:

Ein **Doppelkonsonant** wie ***bb, dd, ff, gg, ll, mm, nn, pp, rr, tt*** wird geschrieben, wenn der **Vokal** davor **kurz** ist. Der erste Buchstabe des Doppelkonsonanten gehört zur ersten Silbe, der andere zur zweiten Silbe: ***Bag ger***, ***Sup pe***, ***Mut ter***.
Bei einsilbigen Wörtern hilft die **Verlängerungsprobe**.

Das **silbentrennende *h*** steht zwischen zwei Vokalen am Anfang der zweiten Silbe: ***ge hen***, ***se hen***.
Ein **Dehnungs-*h*** kann direkt hinter einem langen Vokal stehen. Es kann nur vor den Buchstaben ***l, m, n, r*** stehen.
Das Dehnungs-***h*** gehört zur ersten Silbe: ***deh nen***, ***wäh len***. Schlage Wörter mit Dehnungs-***h*** im Zweifelsfall nach.

Die Buchstaben ***k*** und ***ck*** sowie ***z*** und ***tz*** klingen in Wörtern oft gleich. Diese Regel hilft dir:
- ***k*** und ***z*** können nur nach einem **langen Vokal** oder einem **Konsonanten** stehen: ***Rakete, parken, Gazelle, Franziska***.
- ***ck*** und ***tz*** werden nur nach einem kurzen Vokal geschrieben: ***Decke, Tatze***.
  Die Silben werden so getrennt: ***ck*** bleibt zusammen, ***tz*** wird getrennt: ***ba-cken, verlet-zen***.

Die **Vorsilbe *ent-*** wird nicht betont, die **Vorsilbe *end-*** wird betont und ist der Wortstamm von ***Ende***: ***Entfernung, Endergebnis***.

Bei der Unterscheidung der **Nachsilben *-lich*** und ***-ig*** hilft die **Verlängerungsprobe**:
gefährlich → gefährliche (also ***-lich***), ***ewig → ewige*** (also ***-ig***).

1 Fülle die Lücken mit einfachem oder doppeltem Konsonanten. Finde zu einsilbigen Wörtern ein zweisilbiges Wort aus der jeweiligen Wortfamilie und schreibe es in Silben zerlegt darüber.

kau fen

Im Kau ___ haus (f/ff?) werden viele Ko ___ er (f/ff?) angebo ___ en (t/tt?). Die meisten sind nicht gerade bi ___ ig (l/ll?). Ich ho ___ e (f/ff?), meine Mu ___ er (t/tt?) entscheidet sich schne ___ (l/ll?), damit wir im Restaurant noch eine Scha ___ e (l/ll?) Su ___ e (p/pp?) oder Po ___ es (m/mm?) essen kö ___ en (n/nn?). Da ti ___ t (p/pp?) sie auch schon auf ein kna ___ gelbes (l/ll?) Gepäckstück mit vier Ro ___ en (l/ll?) und grünen Gu ___ ibändern (m/mm?). Ich bin erstau ___ t (n/nn?).

2 Fülle die Lücken mit ***h*** und kennzeichne die Silben durch Silbenbögen.

Tim geht mit Pia in ein Selbstbedienungsrestaurant. Dort ist es sehr ru ___ ig. Trotzdem müssen die beiden lange an der Kasse ste ___ en und warten, bis sie bestellen und beza ___ len können. Dann ge ___ en sie zu einem freien Tisch und genießen ihr Eis mit Sa ___ ne. Anschließend fa ___ ren sie mit dem Bus zum Kino, um sich den neuesten Actionfilm anse ___ en zu können. Sie wä ___ len den größten Popcorn-Eimer aus und ne ___ men auch Getränke mit. Hoffentlich ist das kein Fe ___ ler, denn eigentlich sind sie noch satt vom Eis.

3 Fülle die Lücken mit ***k*** oder ***ck***, ***z*** oder ***tz***.

Unsere Ka ___ e Mimi ist plö ___ lich verschwunden. Was für ein Schre ___ , mein Her ___ rast. Wo kann sie sich nur verste ___ t haben? Da sehe ich ihr fle ___ iges Fell hoch oben im Baum über mir. Auch ihre schwar ___ en Ta ___ en entde ___ e ich. Was nun? Soll ich sie mit einem Ne ___ einfangen oder die Feuerwehr rufen? Nach meinem Anruf geht es bli ___ schnell und die Feuerwehr par ___ t vor unserem Haus. Zum Einsa ___ kommt die sehr nü ___ liche Drehleiter. Ich si ___ e auf der Schau ___ el und schaue zu. Dann halte ich Mimi endlich wieder im Arm.

4 Entscheide: ***-ig*** oder ***-lich***? / ***ent-*** oder ***end-***?

___ lich geht es in den Freizeitpark. Paul ist mut ___ er als Ben und rennt sofort los. Er ___ deckt die Achterbahn, ___ scheidet sich dann aber, doch zuerst zum Kettenkarussell zu gehen. Das ist richt ___ und vernünft ___ , denn an der Achterbahn gibt es eine ___ lose Schlange. Täg ___ strömen zahlreiche Besucher zu den vielen Attraktionen. Angeb ___ ist der Freizeitpark immer gut besucht.

5 Im folgenden Text sind 24 Fehler versteckt. Streiche die Fehlerwörter durch und schreibe die richtige Form darüber. Orientiere dich dabei an den Regeln im Merkkasten auf Seite 35.

Opa auf Abwegen

Ein älterer Australier namens Hank fuhr im Dezember bei stralendem Sonnenschein, blauem Himmel und großer Hitze mit seinem Auto zum Einkaufen. Auf seinem Zettel standen Kafee, Butter, Orangensafft, Gumibärchen und Hünersuppe. Leider traf Hank an der ersten Kreutzung die falsche Endscheidung. Wegen der Sonne musste er blintzeln und konte das Verkersschild nicht erkennen. So endfernte er sich von seinem eigentlichen Ziel und bemerkte diesen Feler erst, als er plözlich das Meer sah. Da holte er einfach eine Deke aus dem Kofferraum und strekte sich der Länge nach aus. Zwei Stunden später kam er nach Hause zurück. Er hatte einen starcken Sonnenbrand auf seiner Glaze. Seine Enckel fanden die Geschichte lustich. Manchmal war ihr Opa wirklich außergewönlich. Alerdings hatte der Ausflug einen Hacken, denn Hank hatte ja nicht eingekauft. Um der schlechten Laune zu endgehen, lud Hank alle ins Strandrestaurant ein. Dort konnten sie sich endspannen. Essen gut, Ende gut ☺.

Merkkasten

Die folgenden Regeln und Strategien kennst du bereits. Hier kannst du sie wiederholen:

Wird der **s-Laut weich/stimmhaft** (wie das Summen einer Biene) ausgesprochen, schreibt man das Wort mit **s**: ***Vase, Rose***.

Wird der **s-Laut scharf/stimmlos** (wie das Zischen einer Schlange) ausgesprochen, schreibt man das Wort mit **ss** oder **ß**.
- Nach einem **langen Vokal folgt ß**: ***So ße, ge nie ßen***.
  (Ein Doppellaut (Diphthong) wie ***au, ei, eu, ie*** gilt als langer Vokal.)
- Nach einem **kurzen Vokal folgt ss**: ***Was ser, Wis sen***.

Bei einsilbigen Wörtern hilft die **Verlängerungsprobe**: ***Gras → Grä ser, Spaß → Spä ße, Schloss → Schlös ser.***
Achtung: Nicht immer bleiben Wörter eines Wortstamms gleich: ***Genuss → ge nie ßen, Maß → mes sen***.

6 Fülle die Lücken mit ***s***, ***ss*** oder ***ß*** und trage die Wörter in die Tabelle ein. Einige Wörter musst du verlängern, um zu entscheiden, welcher ***s***-Laut richtig ist. Schreibe die verlängerte Form mit in die Tabelle.

der Ra ___ en | wir e ___ en | er a ___ | das Schlo ___ | das Gla ___ | zerrei ___ en |
die Ro ___ e | der Bi ___ | sie lie ___ t | wi ___ en | die Stra ___ e | der Gru ___ |

Wörter mit *s*	Wörter mit *ss*	Wörter mit *ß*

7 Fülle die Lücken mit ***s***, ***ss*** oder ***ß***.

Tian, Tim und Yasin sind zum Festplatz gefahren, wo sie ihre Fahrräder mit gro ___ en Schlö ___ ern an einem Laternenpfahl sichern. In der Geisterbahn hören sie gru ___ elige Laute aus einer verschlo ___ enen Kiste sowie herzzerrei ___ ende Töne hinter einem wei ___ en Vorhang. Anschließend fordert Tian dazu auf, sich beim Torwandschie ___ en mit ihm zu me ___ en. Yasin lacht: „Ich bin derjenige mit den stärksten Elfmeterschü ___ en, also das Ma ___ aller Dinge." Er gewinnt einen Prei ___ , nämlich einen E ___ ensgutschein, und lädt seine Freunde zu sü ___ er Zuckerwatte ein. Am Schlu ___ gie ___ t es in Strömen und die Freunde beschlie ___ en, nur noch drei Lo ___ e an der Ka ___ e zu kaufen. Tim hofft auf den Rucksack mit neongelbem Rei ___ ver schlu ___ . Er hat aber kein Glück und zerrei ___ t wütend das Lo ___ . Fa ___ ungslos hört er Tian schreien: „Hab ich es doch gewu ___ t. Ich habe gewonnen – ein rie ___ iges Herz aus Gla ___ . Das schenke ich Lisa."

Merkkasten

Nomen werden **großgeschrieben**. Du erkennst sie an folgenden Signalen:
a) bestimmter und unbestimmter **Artikel**: ***der Influencer*, *ein Festival***
b) Pronomen: ***meine Tasche*, *unsere Klassenfahrt***
c) Adjektive: ***das leckere Schokoladeneis*, *die süßen Waffeln***
d) **Präposition und versteckter Artikel: *am (= an dem) Baggersee*, *im (= in dem) Kino***
e) **Nachsilben** wie ***-heit, -keit, -ling, -nis, -schaft, -tum, -ung*: *die Müdigkeit*, *das Ergebnis*, *die Umleitung***

Bei **fehlendem Signal** kannst du in Gedanken einen Artikel dazusetzen:
Gewitterwolken ziehen auf. → (Die) Gewitterwolken ziehen auf.

1 Entscheide, ob die Wörter groß- oder kleingeschrieben werden. Streiche jeweils die falsche Schreibung durch. Achte auch auf die Großschreibung am Satzanfang.

In der (s/S)tadt Kassel gibt es (n/N)iedliche (w/W)aschbären. Die (n/N)acht-aktiven (t/T)iere kann man am (a/A)bend in den (g/G)ärten sehen. Viele (h/H)äuser haben ihre (r/R)regenrinnen durch (g/G)itter gesichert, damit die (t/T)iere nicht auf das (d/D)ach klettern können.
Beim (g/G)ang zur (m/M)ülltonne gibt es eine (ü/Ü)berraschung. (i/I)n der (t/T)onne schläft ein (k/K)leiner (w/W)aschbär und wacht auch durch g/G)eräusche nicht auf. Zu (s/S)einer (r/R)ettung wird die (t/T)onne ausge-kippt. Aber (a/A)chtung: (a/A)lle (w/W)aschbären haben (s/S)charfe (z/Z)ähne. Der (s/S)chlafende (b/B)esucher ist jetzt aufgewacht und rennt zum (w/W)ald. (w/W)as für eine (e/E)rleichterung! Und wer hilft zum (s/S)chluss, den (g/G)anzen (m/M)üll einzusammeln?

2 a) Schreibe den Text in richtiger Groß- und Kleinschreibung auf.

AUF DEM WEG ZUR SCHULE GIBT ES HEUTE EIN HINDERNIS: AM ZEBRASTREIFEN SIND ZWEI AUTOS ZUSAMMEN-GEKRACHT. DAS FÜHRT BESTIMMT ZU EINER RIESIGEN VERSPÄTUNG. DOCH DER ABSCHLEPPWAGEN IST RASCH BEIM UNFALL.

b) Schreibe aus dem Text die Nomen mit Präposition und verstecktem Artikel heraus.

zur Schule = zu der Schule,

Video: WES-121577-005

Merkkasten

Verben und **Adjektive** können **zu Nomen werden**. Man nennt sie dann **Nominalisierungen**.

Vor **Verben** steht dann
- ein **Artikel:** ***das Laufen, das Kochen***
- eine **Präposition mit verstecktem Artikel:** ***beim Zubereiten, zum Tanzen***

Vor **Adjektiven** steht dann
- ein **Artikel:** ***die Begabte, das Außergewöhnliche***
- ein **Pronomen:** ***meine Schöne***
- ein **unbestimmtes Zahlwort (Indefinitpronomen)** wie ***viel, wenig, manches, einiges, alles, nichts, etwas: nichts Gutes, wenig Erfreuliches***

3 Schreibe jeweils das richtige Wort in die Lücke.

In der Schule gefällt Hülya ______ (besonders/Besonders) das ______ (zusammentreffen/Zusammentreffen) mit ihren Freundinnen. Es gibt immer einiges ______ (neues/Neues) und ______ (interessantes/Interessantes) zu besprechen, alles ist beim ______ (chatten/Chatten) noch nicht geklärt worden. Heute ist das ______ (spannende/Spannende), wie das Date von Juliane und Max im ______ (grünen/Grünen) gewesen ist. Beim ______ (erzählen/Erzählen) soll Juliane nichts auslassen. Hülya ist richtig ______ (aufgeregt/Aufgeregt). Aber Juliane meint, die Privatsphäre sei etwas ______ (wichtiges/Wichtiges). Das ______ (gute/Gute) an Max sei, dass er das auch so sehe. Beim ______ (essen/Essen) erzählt sie ihren Freundinnen dann nur, dass sie am Nachmittag mit Max zum ______ (schwimmen/Schwimmen) gehen will. Hülya ist ______ (enttäuscht/Enttäuscht), sie war schließlich die ______ (neugierigste/Neugierigste) von allen. Aber eigentlich ist Juliane im ______ (recht/Recht), nicht jeder muss alles wissen.

4 Formuliere drei Sätze mit Nominalisierungen. Die Wörter im Wortspeicher kannst du verwenden.

einkaufen | schlafen | feiern | nett | aufregend | schlecht

____

____

____

Merkkasten

Zeitangaben werden **großgeschrieben**, wenn sie die typischen Signale für Nomen aufweisen:
der Morgen, der Mittag, der Nachmittag, der Abend, die Nacht, am Morgen, der frühe Abend, am späten Abend, am Montag, der letzte Sonntag, am Sonntagmorgen, (der) Montagnachmittag …

Alle **anderen Zeitangaben** schreibt man **klein**: ***vorgestern, gestern, heute, morgen, übermorgen, morgens, mittags, nachmittags, abends, montags, dienstags …***
Die Kleinschreibung gilt auch bei ***morgen früh, heute früh***, da hier kein Nomen vorhanden ist.

Zeitangaben können auch kombiniert werden: ***gestern Abend, heute Morgen, heute Nacht …***

1 Schreibe die folgenden Wörter in richtiger Schreibweise in die Tabelle.

MONTAGNACHMITTAGS | MORGENS | HEUTE MITTAG | AM ABEND | MITTWOCHS | AM DIENSTAGMORGEN | MORGEN FRÜH | GESTERN NACHMITTAG

Großschreibung	Kleinschreibung

2 Entscheide dich für die richtige Schreibweise und fülle die Lücken.

Am frühen Morgen (FRÜHEN MORGEN) klingelt Jorges Wecker. Es ist _____ (HEUTE) der letzte Schultag vor den Sommerferien. Für die meisten aus der 7d ist es _____ (GESTERN ABEND) spät geworden. Sie haben sich zuerst _____ (NACHMITTAGS) im Schwimmbad getroffen – nicht wie sonst _____ (MONTAGS) zum Schulsport. Nur Tessa war nicht dabei, sie musste schon _____ (MITTAGS) zum 80. Geburtstag ihrer Oma. Am _____ (FRÜHEN ABEND) gingen alle zur Grillhütte, die bereits _____ (VORGESTERN) dekoriert worden war. Mehrere Eltern hatten das Essen schon _____ (VORMITTAGS) gebracht, sogar einen Kuchen mit einer 8d aus Smarties, den Irinas Mutter am _____ (VORABEND) gebacken hatte. Die Würstchen wurden erst _____ (AM ABEND) gegrillt. Bis _____ (SPÄTABENDS) hat die 7d gefeiert. Viele haben sich für _____ (ÜBERMORGEN), also für _____ (DONNERSTAGMITTAG), wieder verabredet.

1 Kreuze die zutreffenden Aussagen an.

- ☐ Nach einem langen Vokal folgt ein doppelter Konsonant.
- ☐ Das Dehnungs-***h*** kann nur vor den Buchstaben ***l***, ***m***, ***n***, ***r*** stehen.
- ☐ Nach einem kurzen Vokal wird der stimmlose ***s***-Laut mit ***ß*** geschrieben.
- ☐ Bei der Silbentrennung bleibt ***ck*** zusammen, ***tz*** dagegen wird getrennt.

2 Berichtige die falschen Aussagen aus Aufgabe 1 und schreibe sie auf.

____

____

3 Fülle die Lücken mit ***s***, ***ss*** oder ***ß***.

In Wüsten ist es sehr hei ___ . Es gibt dort oft kein Wa ___ er, schon gar nicht einen Flu ___ oder ein Gewä ___ er zum Baden. Deshalb mu ___ man wi ___ en, dass die Trinkgefä ___ e vorher gefüllt werden mü ___ en. Um sich den Schwei ___ abwischen zu können, reicht ein Tuch. Wenn man starke Hitze ha ___ t, ist es be ___ er, in kältere Gegenden zu rei ___ en. Man kann den Urlaub dann mehr genie ___ en.

4 Ergänze den Lückentext.

Steht eine Präposition mit verstecktem ______________ vor einem Verb, so wird dieses zum ______________ und somit ______________________ . *Wenig,* ______________ und ______________ gehören zu den unbestimmten Zahlwörtern, auch ______________________________ genannt. Sie stehen oft vor nominalisierten ______________________ .

5 Ergänze die Adjektive um je ein Indefinitpronomen und achte auf die korrekte Schreibweise.

unglaublich →	etwas Unglaubliches	wehmütig →	______________
interessant →	______________	gefährlich →	______________

6 Der Text enthält fünf Fehler. Streiche die Fehlerwörter durch und schreibe die richtige Form darüber.

Ilyas fällt es Montags schwer, früh aufzustehen. Wenn er aber am vormittag in der Schule seine Freunde trifft und sich für Nachmittags verabreden kann, ist alles in Ordnung. Nur am freitag geht er nicht gerne in die Schule. Am frühen morgen hat er Kunst – nicht gerade sein Lieblingsfach.

Video: WES-121577-006

Merkkasten

Verbindungen aus Nomen und Verb und **Verbindungen aus Verb und Verb** schreibst du **getrennt**: ***mit dem Auto fahren, die Kartoffeln schälen*** und ***schwimmen gehen, lesen lernen***.
Wird der Ausdruck als **zusammengesetztes Nomen** gebraucht, schreibst du ihn **zusammen**: ***das Autofahren, beim Kartoffelschälen*** und ***beim Schwimmengehen, das Lesenlernen***. Achte auf die Signale für Nomen (z. B. **Artikel** oder **Präposition mit verstecktem Artikel**).
Ausnahmen: ***teilnehmen, eislaufen, kopfstehen*** werden immer **zusammengeschrieben**.

1 Bilde noch zwei Verbindungen aus Nomen und Verb und ergänze die Sätze. Schreibe je einen Satz dazu, in dem der Ausdruck als zusammengesetztes Nomen mit Artikel (Präposition + verstecktem Artikel) verwendet wird.

Waffeln | Schlittschuh | Eier | Geige   kochen | spielen | backen | laufen

Ich kann Waffeln backen. Das Waffelnbacken macht großen Spaß.

Er will

Sie kann

2 Bilde noch zwei Verbindungen aus Verb und Verb und ergänze die Sätze. Schreibe je einen Satz dazu, in dem der Ausdruck als zusammengesetztes Nomen mit Artikel (Präposition + verstecktem Artikel) verwendet wird.

spazieren | laufen | tanzen | liegen   gehen | üben | lassen | lernen

Wir wollen spazieren gehen. Beim Spazierengehen haben wir gute Ideen.

Er wird

Du sollst

Merkkasten

Verbindungen aus Adjektiv und Verb können **verschiedene Bedeutungen haben**. Je nach Bedeutung schreibst du getrennt oder zusammen: ***Er ist schwer gefallen. ⇔ Die Aufgaben sind mir schwergefallen***.

3 Bilde noch zwei Verbindungen aus Adjektiv und Verb mit unterschiedlichen Bedeutungen. Formuliere für jede Bedeutung einen kurzen Beispielsatz.

fest | leicht | frei   stehen | sprechen | fallen | halten

Er soll fest auf dem Boden stehen. Das Ergebnis wird feststehen.

4 Finde in den Sätzen fünf Fehler und streiche die Buchstaben hinter diesen Sätzen durch. Die übrigen Buchstaben ergeben ein Lösungswort. Korrigiere die Fehler. Trage dazu Trennstriche ein oder verbinde die Wörter.

Till wird am Wettkampf teil nehmen. (A)
Umut will mir Mathe nahebringen. (F)
Mia möchte eis laufen können. (H)
Kannst du bitte die Kartoffeln kochen? (E)
Beim Einkaufen ist heute viel los. (R)
Tabea sollte Eli nicht schlechtmachen. (I)

Willst du die Kerze fest halten? (W)
Die Arbeit wird ihr schwerfallen. (E)
Ich muss meine Uhr richtigstellen. (Z)
Wir werden diese Möglichkeit offen halten. (K)
Die Entscheidung muss feststehen. (N)
Lösungswort: _ _ _ _ _ _

5 Entscheide über Zusammen- oder Getrenntschreibung und fülle die Lücken entsprechend aus.

Die 7d plant eine Aktion ihres Klassenprojekts „Fridays for Future". Alle wollen ihre Sache ________ (gut + machen). Den großen Tisch müssen mindestens vier tragen, sonst könnte dabei jemand ________ (schwer + fallen). Felix sorgt dafür, dass kein Müll ________ (liegen + bleiben). Es ist schlimm, wie viele Menschen ihren Müll einfach ________ (fallen + lassen). Emre achtet beim ________ (Plakat + schreiben) darauf, dass Marlena die Buchstaben ________ (groß + schreiben), damit die Leute sie beim ________ (spazieren + gehen) in der Fußgängerzone gut lesen können. Die 7d sucht noch jemanden, der vor Publikum ________ (frei + sprechen) kann. Jan erklärt sich bereit, es wird ihm nicht ________ (schwer + fallen). Zur Stärkung können alle ________ (Kekse + essen). Die Jugendlichen sind gespannt, wie viele Leute ________ (stehen + bleiben). Hoffentlich lässt sich das Thema den Menschen ________ (nahe + bringen) und man muss die Zukunft der Umwelt nicht ________ (schwarz + malen). Auf dem Plakat steht: „Wir als 7d wollen die ________ (Umwelt + schonen), indem wir mehr ________ (Rad + fahren) und unsere Eltern das ________ (Auto + fahren) einschränken." Greta würde bestimmt auch am Klassenprojekt ________ (teil + nehmen).

TEST Zusammen- und Getrenntschreibung

1 Berichtige die Sätze: Streiche falsch geschriebene Wörter durch und schreibe sie richtig darüber.

Die Polizei muss den Bankräuber festnehmen und das Gericht kann ihn frei sprechen.

Wir verabreden uns zum spazierengehen.

Nach dem Kuchenbacken können wir zum Tee trinken einladen.

Weißt du, welche Wörter du im Diktat groß schreiben musst?

2 Schreibe den Text in der richtigen Schreibweise auf. Achte auf die Zusammen- und Getrenntschreibung.

IchwillheutedasTierheimbesuchenundhoffe,dassmirdieeinsamenTierenichtsonahegehenundmirspäterdas AbschiednehmennichtschwerfälltGleichzuBeginndarfichbeimMeerschweinchenfütternteilnehmen.Diekleinen EichhörnchenkönntemandochimWaldfreilassen,obwohldiesdenPflegernbestimmtnichtleichtfallenwird.

Ich will heute das Tierheim

3 Bilde Sätze, in denen Adjektiv und Verb einmal zusammen und einmal getrennt geschrieben werden.

Beispiel: SCHWERFALLEN – SCHWER FALLEN

Die Lösung der Aufgabe ist mir schwergefallen (war schwierig für mich).
Beim Training bin ich heute schwer gefallen (hatte ich einen schweren Sturz).

OFFENLASSEN – OFFEN LASSEN

FESTSTEHEN – FEST STEHEN

DICHTHALTEN – DICHT HALTEN

Merkkasten

Fast alle **Nomen** gibt es im **Singular** und im **Plural**: ***ein Surflehrer, mehrere Surflehrer.***
Es gibt aber Ausnahmen: ***der Tod, das Elend*** (nur Singular), ***die Leute*** (nur Plural).
Nomen können in **vier Fällen (Kasus)** stehen, sind also **deklinierbar: Nominativ (Wer?)** ***der Surflehrer***, **Genitiv (Wessen?)** ***des Surflehrers***, **Dativ (Wem?)** ***dem Surflehrer***, **Akkusativ (Wen?)** ***den Surflehrer***.
Man erkennt ein Nomen auch am **bestimmten** oder **unbestimmten** **Artikel**: *die* oder *eine* ***Schwimmweste***.

Adjektive beschreiben Eigenschaften. Ihre Endung passt sich an das Nomen an, sie sind also **deklinierbar**:
die bunten Enten, der lustige Clown, ein großes Tuch.
Die meisten Adjektive lassen sich **steigern**: ***schön – schöner – am schönsten, gut – besser – am besten***.
Es gibt aber Ausnahmen: ***tot, super***.

Verben verändern sich je nach **Person**, sie sind also **konjugierbar**: ***ich laufe, du läufst, er/sie/es läuft, wir laufen, ihr lauft, sie laufen***. Außerdem können sie in verschiedenen **Zeitformen** verwendet werden (vgl. Seite 48).

Adverbien machen genauere Angaben zum **Ort** ***(oben, dort)***, zur **Zeit** ***(heute, bald)***, zu **Gründen** ***(trotzdem, deswegen)*** oder zur **Art und Weise** ***(gern, vielleicht)***. Adverbien verändern sich nicht.

1 Zu welchen Nomen im Wortspeicher gibt es eine Pluralform? Schreibe die Pluralformen mit Artikel auf.

der Mut | das Getränk | die Treue | das Fleisch | das Bad | die Gesundheit | die Maus | der Käse | das Obst | das Gold | der Raum

____

____

2 a) Trage die passenden Artikel im richtigen Fall in die Lücken ein. Nutze als Hilfe die Frageprobe.
Tipp: In manche Lücken passt sowohl der bestimmte als auch der unbestimmte Artikel.

b) Unterstreiche die Nomen mit ihren Artikeln und schreibe den jeweiligen Fall darüber.

Es ist der letzte Tag vor dem (Dativ) Urlaub. Sabine fährt mit ____ Auto an ____ Tankstelle. Dort putzt sie mit ____ Lappen ____ Frontscheibe. Da entdeckt ____ Mann, der ebenfalls tankt, an ____ Fahrertür ____ Fahrzeugs ____ große Schramme. ____ Reparatur muss bis nach ____ Urlaub warten. Jetzt muss Sabine noch ____ Apotheke suchen und ____ Tabletten ____ Tochter besorgen. Sie will ____ Apotheker ____ EC-Karte geben, um alles zu bezahlen. Aber ____ EC-Karte ist nicht da. Sabine überlegt, wann sie zum letzten Mal mit ____ Karte bezahlt hat. Natürlich – an ____ Tankstelle. ____ Mitarbeiter ____ Tankstelle hat zum Glück aufgepasst und ____ wertvollen Gegenstand auf ____ Seite gelegt. Jetzt ist Sabine reif für ____ Urlaub und sie freut sich mit ____ Kindern auf ____ Nordseeinsel.

3 Gestalte den Text anschaulicher, indem du passende Adjektive in die Lücken einsetzt. Verwende alle Wörter aus dem Wortspeicher.

lecker | groß | gemustert | riesig | beste | bunt | ~~neu~~ | außergewöhnlich | glitzernd | kaputt | geblümt | genau | süß | grün | aufgeregt | lilafarben

Am Wochenende findet im neuen Einkaufszentrum eine Wahl statt: Wer kann sich am besten verkleiden? Die Kandidaten erhalten jeweils eine Kiste mit ________ Kleidern, ________ Schuhen, ________ Perücken und ________ Hosen mit ________ Knöpfen. Lea, Ali und Esme wollen an der Show teilnehmen. Es gibt ________ Anweisungen. Jeder hat eine halbe Stunde Zeit. Die ________ Zuschauer dürfen gleich entscheiden, wer die ________ Verkleidung zeigt. Esme hat eine ________ Perücke auf, eine ________ Hose und viel zu ________ Schuhe an. Ali trägt einen ________ Cowboyhut und ________ Schuhe. Esme hat gewonnen. Es gibt viel Applaus und ein ________ Eis mit ________ Streuseln für alle Kandidaten.

4 Konjugiere die folgenden Verben im Präsens

	ich	du	er/sie/es	wir	ihr	sie
tragen		trägst				
singen					singt	
haben			hat			
sein				sind		
essen						essen
lernen	lerne					

5 a) Unterstreiche in den Sätzen die Adverbien.

Unsere Lehrerin Frau Peters hat <u>heute</u> leider Kopfschmerzen. Deshalb hat sie den Klassenzimmerschlüssel vergessen und wir müssen oben warten. Der Hausmeister wird bald mit einem Generalschlüssel hierher kommen. Das macht er gern. Also kann der Unterricht beginnen.

b) Schreibe die unterstrichenen Adverbien sortiert auf.

Adverbien der Zeit: heute

Adverbien des Grundes: ________

Adverbien des Ortes: ________

Adverbien der Art und Weise: ________

Video: WES-121577-007

Merkkasten

Personalpronomen ***(ich, du, er, sie, es, wir, ihr, sie)*** kannst du **anstelle von Nomen** gebrauchen. Es gibt sie auch in der **Dativform (z. B. *mir, dir, ihm, ihr*)** und **Akkusativform (z. B. *mich, dich, ihn*)**: ***Theo trifft sich mit seinem Freund Ben. Er trifft sich mit ihm. Die Fußballer laden den Schiedsrichter zum Grillen ein. Sie laden ihn zum Grillen ein.***

Possessivpronomen geben an, **wem etwas gehört:** ***mein Fahrrad, ihre Uhr, unsere Wohnung***.
Es gibt sie auch in der **Genitiv-, Dativ-** und **Akkusativform (z. B. *ihres, deines, meinem, eurem, deinen, seinen*):**
Der Ball gehört meinem Freund. Er hat den Ball deinen Schwestern gezeigt.
Das Possessivpronomen ist vom **Genus** (Geschlecht) **des Nomens abhängig:** ***mein Vater*** (***der Vater*** = **Maskulinum**), aber ***meine Mutter*** (***die Mutter*** = **Femininum**).

1 Entscheide, an welchen Stellen in der E-Mail Nomen durch Personalpronomen ersetzt werden können. Streiche die Nomen durch und schreibe jeweils das passende Personalpronomen darüber. Achtung: Nicht alle Nomen können sinnvoll durch Personalpronomen ersetzt werden.

Hallo Ole,

ich bin krank und habe Halsschmerzen. ~~Die Halsschmerzen~~ Sie sind ziemlich stark. Mein Opa war schon in der Apotheke. Mein Opa hat Halstabletten gekauft. Auch mein Vater und mein kleiner Bruder hatten gestern Beschwerden. Mein Vater und mein kleiner Bruder liegen im Bett. Meine Mutter hat meinem Vater und meinem kleinen Bruder Tee gekocht und meine Mutter versorgt die beiden. Kannst du bitte dem Trainer Bescheid sagen, dass ich nicht komme? Der Trainer soll mich aber bitte trotzdem für das Spiel am Sonntag aufstellen und mir mein Trikot vorbeibringen. Das Trikot muss noch gewaschen werden und ich will das Spiel auf keinen Fall verpassen. Ich gehe jetzt schlafen.

Bis bald, Lukas

2 Ergänze passende Personal- und Possessivpronomen.

(Arife) Sie hat ______ Sportschuhe zu Hause vergessen.

(Lukas) ______ schenkt ______ Bruder eine Konzertkarte.

Ich helfe ______ Mutter beim Kuchenbacken. ______ holt ______ Brille.

(Die Schüler) ______ reden nur noch von ______ Klassenfahrt und stören ______ Lehrer.

Triffst du ______ Freund? ______ kannst ______ (wir) ______ Garten zeigen.

______ müsst bis morgen ______ Referat fertigstellen.

3 Korrigiere den Text, indem du falsche Pronomen durchstreichst und jeweils das richtige Pronomen darüberschreibst. **Tipp:** Es gibt noch sechs Fehler.

Das Flugzeug ist gelandet. Alle Urlauber wollen so schnell wie möglich ~~seine~~ ihre Koffer haben. Meine Schwester Anna läuft zum Gepäckband. Er sieht seinen eigenen Koffer zuerst. Der Rucksack unserem Vaters liegt dahinter. Ben zieht euer Handy aus der Tasche. Er will mit seinem Freunden telefonieren, um sich mit ihr zu verabreden.

Merkkasten

Verben können in **verschiedenen Zeitformen** verwendet werden:

Das **Präsens** verwendest du für die **Gegenwart** und **Allgemeingültiges:**
Ich laufe gerade zur Schule. – Das Wetter ändert sich täglich.

Das **Präteritum** gebrauchst du, wenn du über etwas in der Vergangenheit schreibst, z. B. in einem Bericht:
Das Wildschwein kam aus dem Wald und lief hinter mir her. – Gestern war ich im Schwimmbad.

Das **Perfekt** (Vergangenheit) bildest du mit den Hilfsverben ***sein*** und ***haben*** sowie dem **Partizip II**. Du nutzt es vor allem, wenn du **mündlich über etwas berichtest:** ***Ich habe das Wildschwein gesehen. Es ist mir gefolgt.***

Das **Futur** verwendest du für die **Zukunft**. Du bildest es mit ***werden: Im Mai werde ich nach Mallorca fliegen.***
Achtung: Im Deutschen wird oft das **Präsens** verwendet, auch wenn es um die Zukunft geht:
Morgen schreiben wir eine Mathearbeit (statt: ***Morgen werden wir eine Mathearbeit schreiben***).

1 Bestimme in den folgenden Sätzen die Zeitformen und schreibe sie in die Klammern.

Ich werde mich mit der Suche nach einem Praktikumsplatz beschäftigen. ( )

Die Jugendlichen haben viel Spaß auf ihrer Klassenfahrt gehabt. ( )

Warum hattet ihr keinen Helm auf? ( )

Der Hund des Nachbarn gegenüber bellt schon seit Stunden. ( )

Ihr seid immer wieder zu spät zum Basketballtraining gekommen. ( )

2 Schreibe die Verbformen in den angegebenen Zeitformen auf.

glauben (ich):	ich glaube	(Präsens)		(Futur)
gehen (wir):		(Präsens)		(Perfekt)
lesen (ihr):		(Präteritum)		(Perfekt)
sein (die Frau):		(Präsens)		(Perfekt)
haben (die Kinder):		(Präsens)		(Futur)

3 Elisa erzählt vor der Klasse von einem spannenden Erlebnis.
a) Markiere im Text alle Verben.

Letztes Jahr sind wir nach Schottland gefahren. Über das Loch Ness mit Nessie, dem Seeungeheuer, habe ich damals ein Buch gelesen und bin deshalb so gespannt darauf gewesen. Vor dem großen See haben viele Touristen gewartet. Auf einmal ist Unruhe entstanden. Im Nebel ist etwas aufgetaucht. Ich habe vor Aufregung gezittert. Doch dann ist ein Taucher aus dem Wasser gekommen. Die Enttäuschung ist wirklich groß gewesen!

b) Über ihr Erlebnis muss Elisa später einen Bericht schreiben. Übertrage den Text in die passende Zeitform.

____

____

____

____

____

____

4 Setze die Verbformen in der vorgegebenen Zeitform ein.

Pia und Tim ______ (Präsens: planen) mit ihren Eltern eine Kreuzfahrt in den Norden. Im Internet ______ (Perfekt: suchen) sie nach Angeboten ______. Weil sie noch viele Fragen ______ (Präteritum: haben), ______ (Perfekt: gehen) sie ins Reisebüro ______. „Wir ______ (Präsens: wollen) nach Spitzbergen“, ______ (Präteritum: sagen) die Mutter. „Das ist ein tolles Reiseziel. Dort ______ (Futur: sehen) Sie noch Gletscher ______“, ______ (Präteritum: antworten) Frau Rasche, die Fachfrau. „Ich ______ (Perfekt: lesen) von Touren mit Schlittenhunden ______“, ______ (Präteritum: rufen) Tim. Frau Rasche ______ (Präteritum: erklären): „Im Sommer ______ (Präsens: fahren) die Schlitten auf Rollen, weil kein Schnee da ______ (Präsens: sein). Das ______ (Präsens: machen) den Hunden aber nichts aus. Wichtig ______ (Präsens: sein), dass der Hund unterwegs Wasser ______ (Präsens: trinken), weil er keinen Schnee lecken kann.“ „Das ______ (Perfekt: wissen) ich nicht ______. Ich ______ (Präsens: buche) die Tour gleich hier“, ______ (Präteritum: sagen) die Mutter. ______ (Perfekt: beißen) schon mal ein Hund ein Kind ______?“, ______ (Präteritum: fragen) Pia. „Da ______ (Futur: passieren) nichts ______, die Hunde ______ (Präsens: kennen) das“, ______ (Präteritum: beruhigen) Frau Rasche.

Merkkasten

Das **Plusquamperfekt** bildest du aus den **Hilfsverben *sein*** und ***haben*** (im Präteritum) sowie dem **Partizip II:**
ich hatte gekocht, sie waren gelaufen.
Du verwendest es, wenn die Handlung/das Geschehen **vorzeitig abgelaufen oder abgeschlossen** ist:
Nachdem wir alles eingekauft hatten, konnten wir endlich kochen.
Oft zeigt eine **Konjunktion** wie ***nachdem*** oder ***als*** eine vorausgehende Handlung an.

1 Ergänze in der linken Tabellenspalte jeweils die Zeitform, in der das Verb steht. Übertrage die Verbform dann ins Plusquamperfekt und schreibe sie in der rechten Tabellenspalte auf.

Verbform (Zeitform)	Plusquamperfekt
er aß (Präteritum)	er hatte gegessen
wir lernen (___)	
ihr seid gewesen (___)	
du hast gewonnen (___)	
ich kam (___)	

2 Fülle die Lücken mit den Verben im Präteritum oder bei Vorzeitigkeit im Plusquamperfekt.
Achte auf Signalwörter wie ***nachdem***, ***als*** …

Am Freitagmittag ___ (finden) Joel endlich den Mut, Nele ins Kino einzuladen. Nachdem er drei Tage immer wieder ___ (zögern), ___ (fragen) er sie einfach. Nele ___ (sagen) sofort zu und Joel ___ (beginnen) mit den Planungen. Er ___ (besorgen) Cola, Chips und Schokolade. Beim letzten Kinobesuch mit Leni ___ (kümmern) er sich um nichts ___ – das kam nicht gut an. Nele ___ (wollen) er verwöhnen. Nachdem sie Popcorn ___ (kaufen), ___ (setzen) sie sich auf ihre Plätze. Dann ___ (passieren) Joel ein Missgeschick. Er ___ (stoßen) den Eimer mit Popcorn um, nachdem er die Colaflaschen aus seiner Tasche ___ (holen). Das ganze Popcorn ___ (verteilen) sich auf den Sitzen. Nele ___ (anfangen) zu lachen, nachdem sie sich von dem Popcorn ___ (befreien). Joel ___ (holen) daraufhin die Chips heraus. Sie waren nur noch Krümel. Joel ___ (setzen) sich wohl in der Straßenbahn aus Versehen auf seine Tasche ___. „Heute geht alles schief", ___ (jammern) Joel. Aber Nele ___ (nehmen) lächelnd seine Hand.

TEST Wortarten, Zeitformen

1 Kreuze die zutreffenden Aussagen an.

- ☐ Es gibt die vier Fälle Nominativ, Genitiv, Dativ und Akkusativ.
- ☐ ***Ihn, ihm, ihr, du, er*** sind Possessivpronomen.
- ☐ Das Plusquamperfekt gibt an, dass ein Vorgang noch nicht abgeschlossen ist.
- ☐ Nomen sind deklinierbar und Verben konjugierbar.
- ☐ Die Konjunktion ***nachdem*** zeigt Vorzeitigkeit an.

2 Berichtige die falschen Aussagen aus Aufgabe 1 und schreibe sie auf.

____

____

3 Unterstreiche im Text die Personalpronomen grün und die Possessivpronomen rot.

Wir haben eine Katze und lieben sie sehr. Ihr Körbchen steht in meinem Zimmer, manchmal aber auch im Zimmer meiner Schwester. Unsere Oma hat leider eine Katzenallergie. Sobald sie im gleichen Raum mit unserem Haustier ist, fängt ihre Nase an zu laufen. Die Aufgabe meines Vaters ist es, Katzenfutter zu kaufen, damit unser Liebling immer gut versorgt ist. Hast du auch ein Haustier? Wenn nicht, könntest du deine Eltern bitten, mit dir zusammen ein Tier aus dem Tierheim zu holen. Du wirst bestimmt Freude dabei haben, dich um es zu kümmern.

4 Übertrage die Verbformen in das Plusquamperfekt.

ich bin gegangen → ______	sie arbeiten → ______
du wirst verlieren → ______	er war → ______
wir sind gefahren → ______	ihr seid gestürzt → ______

5 Welche Zeitform müssen die Kinder jeweils verwenden? Schreibe sie auf die Linie.

Lucca erzählt den Eltern beim Mittagessen von seinem Unfall auf dem Heimweg. ______

Felix schreibt über seinen Unfall im Sportunterricht einen kurzen Bericht für die Versicherung. ______

Silan schreibt ihrer Freundin in einem Brief vom Programm des Feriencamps in drei Wochen. ______

Lina und Sophia verfassen zusammen ein Märchen. ______

GRAMMATIK Aktiv und Passiv

Video: WES-121577-008

Merkkasten

Verben können im **Aktiv** oder **Passiv** stehen.

Im **Aktiv** wird betont, **wer etwas tut:** ***Meine Freundin füttert den Hund.***
Wer tut etwas? ***meine Freundin***
Was tut sie? ***füttert den Hund***

Im **Passiv** wird der Blick darauf gerichtet, **wen die Tätigkeit betrifft**.
Das Passiv wird mit ***werden*** und dem **Partizip II** gebildet.
Wer handelt, wird nicht immer angegeben: ***Der Hund wird (von meiner Freundin) gefüttert.***

Das **Objekt** im **Aktivsatz** wird im **Passivsatz** zum **Subjekt**:

Aktiv: ***Meine Mutter*** (Subjekt) ***kauft einen Gutschein*** (Objekt).

Passiv: ***Ein Gutschein*** (Subjekt) ***wird von meiner Mutter*** (Objekt mit Präposition) ***gekauft***.

Entsprechend ändern sich auch die Fälle und Pronomen.

Das **Passiv** hat – wie das Aktiv auch – eigene **Zeitformen**: ***wird gefüttert, wurde gefüttert, ist gefüttert worden, war gefüttert worden, wird gefüttert werden.***

1 Übertrage die folgenden Sätze ins Passiv. Achte darauf, dass die Zeitform des Aktivsatzes in den Passivsatz übernommen wird. Unterstreiche im Aktivsatz und im Passivsatz das Subjekt rot und das Objekt blau.

Beispiel: Die Tierpflegerin reinigt die Ställe. → Die Ställe werden von der Tierpflegerin gereinigt.

Der Tierpfleger versorgt die Robben mit frischen Fischen.

____

____

Ich habe eine Ziege gestreichelt.

____

Die Ziegen fressen das Futter aus der Hand.

____

Die Löwen haben Sam und Lisa durch ihr Gebrüll erschreckt.

____

Der Tierarzt impft morgen die Elefantenkuh.

____

Die Giraffe stört das Zebra beim Fressen.

____

Mit Bananen füttern die Besucher die Affen.

____

2 Schreibe mit den Informationen im Wortspeicher eine Anleitung für die Servicekraft im Kino. Dein Text soll ausschließlich im Passiv stehen. Ergänze passende Artikel.

Putzwagen aus dem Abstellraum holen | Licht im Kinosaal wieder anmachen | Handschuhe anziehen | alle Flaschen und Pappbecher einsammeln | Popcorn zusammenfegen | Sitzpolster abwischen | Fußboden saugen | Mülleimer und Putzwagen in den Abstellraum stellen | Fundsachen an der Kasse abgeben

Aufgaben nach einem langen Kinoabend

Der Putzwagen wird aus dem Abstellraum geholt. Das

3 Forme den folgenden Text vom Passiv ins Aktiv um. Achte darauf, dass du die Zeitform übernimmst.

In Neudorf ist von Bankräubern ein Geldautomat gesprengt worden. Ein lauter Knall wurde von den Hausbewohnern gehört. Die Polizei wurde von einer Nachbarin gerufen. Alle Fensterscheiben sind durch die Explosion zerstört worden. Die Verbrecher konnten von der Polizei noch nicht festgenommen werden. Das gesamte Geld aus dem Automaten ist von ihnen geraubt worden.

In Neudorf haben Bankräuber einen Geldautomaten gesprengt. Die Hausbewohner haben

GRAMMATIK Wörtliche Rede

Merkkasten

Wörtliche Rede bezeichnet das, was jemand sagt. Man gibt sie in **Anführungszeichen** an:
„Wir haben heute Abend ein wichtiges Spiel."
Damit man weiß, **wer** etwas sagt, verwendet man einen **Begleitsatz**. Er kann an verschiedenen Stellen stehen:
- **vor** der wörtlichen Rede: ***Hakan sagt: „Wir haben heute Abend ein wichtiges Spiel."***
- **nach** der wörtlichen Rede: ***„Wir haben heute Abend ein wichtiges Spiel", sagt Hakan.***
- **eingeschoben** in die wörtliche Rede: ***„Wir haben", sagt Hakan, „heute Abend ein wichtiges Spiel."***

Beim nachgestellten Begleitsatz lässt man den **Punkt** am Ende der wörtlichen Rede weg.
Frage- oder **Ausrufezeichen** bleiben aber erhalten:
„Können wir heute Abend gewinnen?", fragt Ali.
„Nun schießt doch endlich mal ein Tor!", ruft ein Zuschauer ungeduldig.

1 Verbinde die Sätze, sodass sie Sinn ergeben.
Schreibe sie mit richtiger Zeichensetzung auf.

Ein Zuschauer schreit	Werden wir gewinnen, Papa?
Der Schiedsrichter erklärt	Passt auf den Torjäger auf!
Ein Junge fragt	Das war eindeutig ein Foul.

____

____

____

2 Bilde sinnvolle Sätze mit wörtlicher Rede sowie Begleitsatz und setze die Satzzeichen.

Jule | fragen | Arife | gern auf kleine Kinder aufpassen (Begleitsatz vorne)

Jule fragt Arife: „Passt du gern auf kleine Kinder auf?"

Arife | antworten | manchmal das Babysitten sehr anstrengend (Begleitsatz vorne)

____

Jule | aufgeregt rufen | soll bei den Nachbarn babysitten (Begleitsatz hinten)

____

Arife | beruhigen | Jule | kleine Kinder schlafen viel (Begleitsatz vorne)

____

Jule | sagen | Emil acht Monate alt und sehr niedlich (Begleitsatz in der Mitte)

____

Merkkasten

Mit der **indirekten Rede** wird wiedergegeben, was jemand in wörtlicher Rede gesagt hat.
Wörtliche Rede: ***Tim sagte: „Mein Freund hat gestern sein Smartphone in der Schule vergessen."***
Indirekte Rede: ***Tim sagte, sein Freund habe gestern sein Smartphone in der Schule vergessen.***

Gebildet wird die indirekte Rede mit dem **Konjunktiv I**. Dieser besteht aus dem **Infinitiv ohne *n*:**
laufen → laufe, sein → sei, haben → habe.

Bei der Umwandlung der wörtlichen Rede in die indirekte Rede ändern sich die **Pronomen**:
Pascal sagt: „Mein Freund hat ein neues Fahrrad. Ich möchte auch ein Mountainbike."
Pascal erzählt, dass sein Freund ein neues Fahrrad habe und er auch ein Mountainbike möchte.

Wird eine **Frage** in indirekter Rede wiedergegeben, so wird ***ob*** ergänzt.
„Hast du dein Smartphone gefunden?", will Lian wissen.
Lian will wissen, ob er sein Smartphone gefunden habe.

1 Übertrage die Sätze aus der wörtlichen Rede in die indirekte Rede. Nutze dabei den Konjunktiv I.

Janos Mutter sagt: „Jano, du musst dir noch Gedanken über deine Geburtstagsfeier machen."

____

Jano antwortet: „Meine Gästeliste ist fertig. Ich lade acht Leute ein."

____

„Soll ich wieder die Fußballhalle mieten?", will der Vater wissen.

____

„Das hat allen im letzten Jahr so viel Spaß gemacht", sagt Jano.

____

Jano fragt seine Mutter: „Kannst du bitte auch wieder Muffins backen?"

____

2 Übertrage die folgenden Sätze aus der indirekten in die wörtliche Rede.

Lukas sagt, sein Bruder habe gute Noten.

Lukas sagt: ______________________________

Musa erklärt, er sei beim Abschreiben erwischt worden.

____

Zoe behauptet, sie sei immer ehrlich gewesen.

____

TEST Aktiv/Passiv, Wörtliche Rede/Indirekte Rede

1 Streiche im blauen Text die falschen Aussagen durch.

Steht der Begleitsatz nach der wörtlichen Rede, so folgt auf ein Ausrufezeichen ein / kein Komma.
Überträgt man einen Satz vom Aktiv ins Passiv, so ändert sich / ändert sich nicht die Zeitform des Verbs.
Der Konjunktiv I wird mit dem Infinitiv / Infinitiv ohne *-n* gebildet.
Wird eine Frage in die indirekte Rede übertragen, ist die Konjunktion *ob / dass / weil* erforderlich.

2 Steht der Satz im Aktiv oder Passiv? Schreibe es in die Klammer. Forme den Satz dann ins Aktiv oder Passiv um.

Die Würstchen sind von dir im Kühlschrank vergessen worden. (   )

____

Wir sind von dem Gewitter geweckt worden. (   )

____

Kinder lieben Schokoladen- und Erdbeereis. (   )

____

3 Übertrage die indirekte in die wörtliche Rede. Verwende Begleitsätze zu Beginn, in der Mitte oder am Ende.

Martha behauptet, Sophia habe sie nicht zur Party eingeladen. Ava antwortet, das könne nicht sein. Und sie ergänzt, die Einladung liege doch hier im Briefkasten. Martha sagt, jetzt sei sie erleichtert. Ava fragt entgeistert, ob sie deswegen geweint habe. Dann ruft sie, Martha müsse doch wissen, dass sie immer eingeladen werde.

____

____

____

____

____

4 Gib folgende Sätze in der indirekten Rede wieder.

Anton fragt Karin: „Soll ich während deines Urlaubs die Blumen gießen?“

____

Karin antwortet: „Das kannst du gern machen.“

____

Video: WES-121577-009

Merkkasten

Das **Subjekt** gibt an, **wer** etwas tut. Du erfragst es mit **Wer?** oder **Was?**:
***Der kleine Junge* kauft seiner Schwester ein ganz besonderes Geschenk.**

Das **Prädikat** gibt an, **was das Subjekt tut** oder **was geschieht**.
Es besteht aus einem Verb, das an das Subjekt angepasst ist:
Der kleine Junge kauft seiner Schwester ein ganz besonderes Geschenk.
Das Prädikat kann aber auch aus mehreren Teilen bestehen:
Der kleine Junge hat seiner Schwester ein ganz besonderes Geschenk gekauft.

Das **Akkusativ-Objekt** erfragt man mit der Frage **Wen?** oder **Was?**:
Max hat (Was?) ***die Kinokarten gestern Abend gekauft. Er will*** (Wen?) ***seinen Freund Bo einladen.***

Das **Dativ-Objekt** erfragt man mit der Frage **Wem?**:
Die Lehrerin liest (Wem?) ***der Klasse einen Text vor. Bo zeigt*** (Wem?) ***dem Kontrolleur seine Fahrkarte.***

Adverbiale Bestimmungen (= Adverbiale) sind Satzglieder, die Auskunft geben über:
- die **Zeit** (**wann** oder **wie lange** etwas geschieht): ***Umut vergisst*** (Wann?) ***immer seine Hausaufgaben.***
- den **Ort** (**wo** etwas passiert oder **wohin** sich etwas bewegt): ***Bo und Max gehen*** (Wohin?) ***ins Kino.***
- die **Art und Weise** (**wie** etwas geschieht): ***Bo und Max verfolgen*** (Wie?) ***gespannt den Film.***
- den **Grund** (**warum** etwas geschieht): (Warum?) ***Wegen des Kinoabends ist Max am nächsten Tag müde.***

1 Schreibe aus den folgenden Sätzen die Satzglieder heraus. Trage auch ein, um welche Art Objekt (A oder D) und adverbialer Bestimmung (Z, O, AW, G) es sich jeweils handelt.

Am Mittag sehen die Jungen und Mädchen den Schulleiter.

Subjekt: die Jungen und Mädchen Prädikat: sehen

Objekt: den Schulleiter (A) Adverbiale Bestimmung: am Mittag (Z)

Du hast deine Jacke vorhin in der Aula vergessen.

Subjekt: ________ Prädikat: ________ Objekt: ________

Adverbiale Bestimmung: ________ Adverbiale Bestimmung: ________

Im Kino ist Frieda und mir gestern etwas Lustiges passiert.

Subjekt: ________ Prädikat: ________ Objekt: ________

Adverbiale Bestimmung: ________ Adverbiale Bestimmung: ________

Mein Vater hat wegen der Übertragung des Fußballspiels viele Nachbarn in unseren Wintergarten eingeladen.

Subjekt: ________ Prädikat: ________ Objekt: ________

Adverbiale Bestimmung: ________

Adverbiale Bestimmung: ________

2 a) Unterstreiche das Satzglied, das in der Klammer angegeben ist.

b) Stelle den Satz um. Beginne mit dem unterstrichenen Satzglied.

Lotta wünscht sich schon lange ein Haustier. (Akkusativobjekt)

Ein Haustier wünscht Lotta sich schon lange.

Sie bekommt zum Geburtstag einen Kaninchenkorb. (Akkusativobjekt)

Heute darf Lotta im Zoogeschäft ein Kaninchen aussuchen. (Adverbiale Bestimmung des Ortes)

Am besten gefällt ihr das Kaninchen mit der weißen Nase. (Subjekt)

Das Kaninchen wird vorsichtig in eine Transportschachtel gesetzt. (Adverbiale Bestimmung der Art und Weise)

Lotta gibt dem Kaninchen den Namen Murmel. (Dativobjekt)

Der Verkäufer gibt Lotta Hinweise wegen des Futters. (Adverbiale Bestimmung des Grundes)

3 Trenne die einzelnen Satzglieder durch senkrechte Striche voneinander ab.
Schreibe darüber, um welches Satzglied es sich jeweils handelt. Verwende folgende Abkürzungen:
S = Subjekt , P = Prädikat, AO = Akkusativobjekt, DO = Dativobjekt, AdZ = Adverbiale Bestimmung der Zeit, AdO = Adverbiale Bestimmung des Ortes, AdA = Adverbiale Bestimmung der Art und Weise, AdG = Adverbiale Bestimmung des Grundes.

AdZ P S

Heute | ist | ein wunderschöner Herbsttag. Ben und John lassen ihre neue Drachen am Nachmittag auf dem Feld steigen. Johns Schwester Lauren will lieber Kastanien sammeln. Den Kastanien klebt sie Streichholzbeine und kleine Augen aus dem Bastelgeschäft an. Einen langen Spaziergang machen an dem Nachmittag Bens Großeltern. Sie nutzen wegen ihrer Gehprobleme Walkingstöcke. Am Ende des Tages treffen sich alle entspannt in Bens und Johns Garten.

GRAMMATIK Satzreihe und Satzgefüge

Video: WES-121577-010

Merkkasten

Eine **Satzreihe** besteht aus zwei oder mehr **Hauptsätzen**, die inhaltlich eng zusammengehören. Sie werden durch Kommas voneinander getrennt.
Ich laufe in die Sporthalle, ich ziehe schnell meine Sportschuhe an, ich stelle mich ins Tor.

Ein **Satzgefüge** besteht aus mindestens einem Haupt- und einem Nebensatz, die durch ein Komma voneinander getrennt werden. Der Nebensatz kann
- **nachgestellt** sein: ***Ich laufe schnell in die Sporthalle, damit ich pünktlich zum Spielbeginn da bin.***
- **vorangestellt** sein: ***Obwohl sie nicht mitspielen kann, feuert sie ihre Mannschaft an.***
- **eingeschoben** sein: ***Heute ziehe ich, weil es sehr kalt ist, meine Winterjacke an.***

Nebensätze können durch **Relativpronomen** eingeleitet werden: ***der, die, das***. Das Relativpronomen bezieht sich auf ein zuvor genanntes Nomen: ***Mein Bruder hat einen Freund, der im Tor steht.***

Nebensätze können durch **Konjunktionen** eingeleitet werden: ***weil, als, während, da, obwohl, dass***.
Meine Schwester spielt Handball, wenn sie wieder gesund ist.

1 Bilde mit den Hauptsätzen aus der Wörtersammlung drei sinnvolle Satzreihen.
Achte auf die Kommas und kreise sie ein.

Das Taxi kommt. | Ich habe gekocht. | Lisa will wegfahren. | Paul hat den Tisch gedeckt. | Ihr Koffer ist gepackt. | Die Fans stehen an. | Wir können essen. | Das Konzert beginnt. | Der Einlass startet.

Ich habe gekocht, Paul

2 Verbinde die Satzreihen zu Satzgefügen. Leite den Nebensatz mit einem Relativpronomen ein.
Achte auf die Kommas und kreise sie ein.

Beispiel: Die Feuerwehr löscht den Brand. Der Brand wurde durch einen Kurzschluss verursacht.
Die Feuerwehr löscht den Brand, der durch einen Kurzschluss verursacht wurde.
Oder: Der Brand, den die Feuerwehr löscht, wurde durch einen Kurzschluss verursacht.

Luise verkauft ihre Barbies. Die Barbies braucht sie nicht mehr.

Unsere neue Trainerin motiviert uns. Sie hat viele Ideen.

Mein Handy muss repariert werden. Das Handy ist heruntergefallen.

Das Buch habe ich gelesen. Das Buch hast du mir geschenkt.

3 Verbinde die Satzreihen zu Satzgefügen. Leite den Nebensatz mit der angegebenen Konjunktion ein. Achte auf das Komma und kreise es ein.

Beispiel: Ich gehe heute ins Freibad. Es ist nicht besonders heiß. (Konjunktion: obwohl)
Ich gehe heute ins Freibad, obwohl es nicht besonders heiß ist.
Oder: Obwohl es nicht besonders heiß ist, gehe ich heute ins Freibad.

Dort sind meine Freunde. Das Freibad ist unser Treffpunkt. (Konjunktion: weil)

Wir haben alle eine Jahreskarte. Das ist viel günstiger. (Konjunktion: da)

Wir liegen immer beim Kiosk. Uns kann jeder finden. (Konjunktion: damit)

Dort kaufen wir uns Softdrinks. Wir haben Wasserflaschen dabei. (Konjunktion: obwohl)

Glücklich springen wir ins Wasser. Wir duschen. (Konjunktion: bevor)

4 Bilde Satzgefüge aus Haupt- und Nebensatz, wobei der Nebensatz in den Hauptsatz eingeschoben sein soll. Achte auf die Kommas und kreise sie ein.

Beispiel: Pinguine können nicht fliegen. Sie zählen zu den Seevögeln. (Konjunktion: obwohl)
Pinguine können, obwohl sie zu den Seevögeln zählen, nicht fliegen.

Der Lebensraum der Eisbären ist bedroht. / Die Ozeane erwärmen sich. (Konjunktion: weil)

Eisbären und Pinguine begegnen sich nur im Zoo. /
Eisbären leben in der Arktis, Pinguine in der Antarktis. (Konjunktion: da)

5 Fülle die passenden Konjunktionen aus der Wörtersammlung in die Lücken.

da | während | nachdem | weil | bis | wie | wenn | obwohl | da | weil | damit

_____ Affen gut klettern können, gibt es auf Ko Samui, einer Insel in Thailand, eine Affenschule. Die Affen können, _____ sie ausgebildet worden sind, bis zu 1.000 Kokosnüsse am Tag ernten. _____ es schwierig ist, die Tiere zu unterrichten, dauert die Ausbildung sechs Monate. _____ die Affen zur Schule gehen, leben sie bei Betreuern. Das ist wichtig, _____ sie sich auf ihre Aufgaben konzentrieren können. _____ es auf Ko Samui circa zwei Millionen Palmen gibt, benötigt man gute Helfer. Die Affen klettern blitzschnell auf die Palmen, _____ diese sehr hoch sind. Dort drehen sie – teils mit den Hinterbeinen – die Kokosnüsse, _____ diese zu Boden fallen. _____ die Affen noch in der Ausbildung sind, lernen sie, _____ unreife von reifen Kokosnüssen zu unterscheiden sind. _____ die Affen von Palme zu Palme springen können, sind sie für die Kokosnussernte unverzichtbar. Kokosnüsse sind die zweitgrößte Einnahmequelle der Insel.

6 Der Text besteht nur aus Hauptsätzen und muss verändert werden, damit er sich besser liest. Verwende dazu geeignete Konjunktionen und Relativpronomen und schreibe den Text auf. Setze alle erforderlichen Kommas.

In diesem Jahr will die Klasse 7a Schuhkartons packen. Die Schuhkartons sind für bedürftige Kinder in anderen Ländern bestimmt. Marlene bringt fünf Buntstifte mit. Die Buntstifte müssen neuwertig sein. Jasin besorgt zwei Mützen. Seine Eltern haben ein Bekleidungsgeschäft. Die Mützen sind kostenlos. Natürlich müssen auch Süßigkeiten in die Kartons. Kinder essen sehr gerne Süßigkeiten. Die Kartons werden zum Schluss mit buntem Papier beklebt. Ein alter Schuhkarton sieht nicht wie ein Geschenk aus.

Video: WES-121577-011

Merkkasten

Die Wörter ***das*** und ***dass*** klingen gleich. Du kannst sie aber über die verschiedenen Wortarten unterscheiden.

Die **Konjunktion** ***dass*** leitet einen **Nebensatz** ein, der mit einem **Komma** vom **Hauptsatz** getrennt wird. Mit dem *dass*-Satz führt man zu Ende, was jemand sagt, denkt oder meint. Im Hauptsatz finden sich daher meist **Verben** wie ***wissen, meinen, behaupten, vermuten, hoffen, glauben, wünschen*** oder davon abgeleitete Nomen.
Er meint, dass die Klassenfahrt ein großer Erfolg wird.
Er ist der Meinung, dass die Klassenfahrt ein großer Erfolg wird.

Das **Relativpronomen** ***das*** leitet einen **Nebensatz** ein, der mit einem Komma vom Hauptsatz getrennt wird. Das **Bezugswort** im Hauptsatz ist fast immer ein sächliches Nomen.
Ich freue mich auf das neue Auto, das meine Mutter gekauft hat.

Der **bestimmte Artikel** ***das*** steht vor einem sächlichen Nomen: ***das Schulfest***.

Mit der **Ersatzprobe** kannst du die richtige Schreibweise überprüfen.
Das **Relativpronomen** ***das*** lässt sich durch ***welches*** ersetzen: ***Das Auto, das (welches) meiner Mutter gehört, ist rot.***
Der **Artikel** ***das*** lässt sich durch ***ein*** ersetzen: ***Das (ein) Haus steht am Waldrand.***

1 Entscheide, ob es sich um das Relativpronomen ***das*** oder die Konjunktion ***dass*** handelt, und fülle die Lücken. Unterstreiche im Falle eines Relativpronomens das Bezugswort im Hauptsatz.

Das Fahrrad, das Luke zum Geburtstag bekommen hat, wurde gestern gestohlen. Der Dieb hat wohl das Schloss, ______ sehr stabil war, einfach durchgesägt. ______ ausgerechnet ihm so etwas passieren musste, findet Luke gemein. Vor zwei Jahren war schon sein Mountainbike, ______ er sich erspart hatte, verschwunden. Bei der Polizei wurde ihm damals gesagt, ______ Fahrräder auch oft in Seen oder Flüsse geworfen werden. ______ er das Geld, ______ er für sein Mountainbike bezahlt hatte, später zurückbekam, hat Luke gefreut. Was für ein Glück, ______ sein Vater die Fahrräder bei der Hausratsversicherung versichert hatte. Luke sagt, ______ er sein Fahrrad mit der tollen Gangschaltung vermissen wird. Es gibt jetzt nämlich ein Problem, ______ ihm zu schaffen macht. Bei der Radtour des Handballvereins am Wochenende will Luke eigentlich das Ziel, ______ er mit ausgesucht hat, als Erster erreichen. Luke ist klar, ______ er ohne Fahrrad nicht mitfahren kann. Zum Glück gibt es aber Freunde! Nachdem Theo erfahren hatte, ______ Lukes Fahrrad weg ist, organisierte er ein Fahrrad, ______ jedoch nicht so cool ist wie das von Luke. ______ er damit nicht gewinnen wird, ist Luke aber egal. Freunde sind wichtiger als ein Sieg!

GRAMMATIK *das* oder *dass*

2 Setze ***das*** oder ***dass*** in die Lücken ein. Schreibe die Konjunktion ***dass*** blau, den Artikel ***das*** grün und das Relativpronomen ***das*** rot.

Es freut mich, dass das Schuljahr, das ich schwierig fand, zu Ende geht und ich bald Ferien habe. ____ letzte Referat, ____ ich halten musste, erbrachte ____ beste Ergebnis, ____ ich je hatte. ____ ich eine Eins für meinen Vortrag bekommen würde, war nicht zu erwarten. ____ die ganze Klasse applaudiert hat, ____ mein Lehrer mich gelobt und es gleich meinem Klassenlehrer erzählt hat, war der Wahnsinn! Jetzt habe ich begriffen, ____ sich ____ Lernen und Arbeiten wirklich lohnen kann. ____ Erfolgserlebnis, ____ ich hatte, und ____ Glücksgefühl, nicht immer der Looser zu sein, tun mir so gut. Ich werde motiviert in ____ neue Schuljahr gehen. ____ es immer so gut klappt, ist nicht sicher. Aber ich werde es versuchen!

3 Setze ***dass*** oder ***das*** in die Lücken ein und ergänze die fehlenden Kommas. Schreibe hinter das von dir eingesetzte Wort, ob es sich um einen Artikel (A), eine Konjunktion (K) oder ein Relativpronomen (R) handelt.

Amelie freut sich dass (K) die Sommerferien bald beginnen. ____ ihre Familie auch in diesem Jahr in den Urlaub fahren wird findet sie toll. Ihr kleiner Bruder Eric hat schon ____ aufblasbare Krokodil ____ er im letzten Urlaub bekommen hat aus dem Keller geholt. Er hat allerdings nicht verstanden ____ es in diesem Jahr nicht nach Spanien geht. Sicherlich kann er aber auch in Österreich mit dem Laufrad ____ er so liebt fahren. Amelie hofft darauf ____ sie nicht immer auf den Kleinen aufpassen muss. Besonders ____ neue Sommeroutfit ____ sie von ihrem Taschengeld gekauft hat wird viel Beachtung finden. Sie muss allerdings in Kauf nehmen ____ die neuen Schuhe nicht sehr bequem sind. Das Model JC ____ diese Schuhe auch trägt ist ihr großes Idol. Amelies Vater wird allerdings behaupten ____ man im Urlaub bequeme Schuhe tragen sollte. Das Hotel ____ er gebucht hat veranstaltet abends Partys für Jugendliche. Da kann Amelie zeigen ____ sie auch mit diesen Schuhen tanzen kann.

TEST Satzglieder, Satzreihe und Satzgefüge

1 Kreuze die zutreffenden Aussagen an.

- ☐ Ein Satz kann auch nur aus Subjekt und Prädikat bestehen.
- ☐ Es gibt nur Adverbiale Bestimmungen der Zeit und der Art und Weise.
- ☐ Eine Satzreihe besteht aus Haupt- und Nebensätzen.
- ☐ Zwischen Haupt- und Nebensatz steht immer ein Komma.

2 Berichtige die falschen Aussagen aus Aufgabe 1 und schreibe sie auf.

____

____

3 Verbinde die Satzreihen zu Satzgefügen. Leite den Nebensatz mit der Konjunktion ***dass*** oder dem Relativpronomen ***das*** ein.

Zoe freut sich auf das Eis. Das Eis kauft ihr Opa.

____

Vor dem Spiel ist sicher. Du wirst verlieren

____

Das Ziel der Klassenfahrt ist toll. Das Ziel haben wir selbst ausgesucht.

____

4 Trenne die einzelnen Satzglieder durch senkrechte Striche. Schreibe darüber, um welches Satzglied es sich jeweils handelt. Du kannst die bekannten Abkürzungen verwenden (siehe Seite 58, Aufgabe 3).

Im Supermarkt sehen Elisa und ihre kleine Schwester Sue Ende August Weihnachtskekse.

Ihre Mutter will ihnen erst kurz vor Weihnachten Kekse kaufen. Weil sie Lust darauf haben, investieren

die Mädchen ihr Taschengeld. Die Lebkuchenherzen riechen wunderbar!

5 Der Text ist nicht gut gelungen. Verbessere ihn, indem du Relativpronomen nutzt. Verbinde immer zwei Sätze miteinander und halte die Reihenfolge ein.

Im Zoo sehe ich eine Giraffe. Die Giraffe frisst Blätter von einem Baum. Der Baum steht mitten im Gehege. Das Gehege wird gerade von den Tierpflegern gesäubert. Sie schaufeln den Mist in eine Schubkarre mit einem kaputten Rad. Keiner hat bisher das Rad repariert.

____

____

____

____